ABITUR

Prüfungsaufgaben mit Lösungen **2008**

Zentralabitur 2008 NRW

Deutsch

Leistungskurs
Gymnasium • Gesamtschule
Nordrhein-Westfalen

STARK

ISBN 978-3-89449-136-9

D-85318 Freising · Postfach 1852 · Tel. (0 81 61) 1790

Inhalt

Autoren: Susanne Kapalschinski (Aufgaben 1–3)
Dr. Hartmut von der Heyde (Aufgabe 4)
Dr. Bertold Heizmann (Aufgabe 5)
Dr. Werner Winkler (Aufgabe 6)
Regina Esser-Palm (Aufgabe 7)
Dr. Vera Schulte (Aufgabe 8)
Dr. Peter Peters (Aufgabe 9)
Thorsten Frevert (Aufgabe 10)

Vorwort

Liebe Abiturientinnen und Abiturienten,

Sie haben Deutsch als Leistungskurs gewählt und werden 2008 das Zentralabitur ablegen. Seit dem Abitur 2007 werden die Aufgaben einheitlich für alle Schülerinnen und Schüler in NRW zentral vom Bildungsministerium gestellt. Dieser Band wird Ihnen dabei helfen, sich optimal auf diese Prüfungen vorzubereiten!

Das einführende Kapitel „**Hinweise und Tipps**“ informiert Sie über die offiziellen Rahmenvorgaben, macht Sie mit den Arbeitsanweisungen (Operatoren) vertraut und erläutert die verschiedenen Schwierigkeitsstufen (Anforderungsbereiche) innerhalb jeder einzelnen Aufgabe sowie deren Bewertung. Es schließen sich konkrete Tipps an, wie Sie die verschiedenen Aufgabenarten am besten lösen können. Hinweise zur mündlichen Prüfung im Fach Deutsch runden diesen Teil ab.

Die nachfolgenden zehn **Klausurbeispiele** richten sich zum einen nach den gültigen Richtlinien und Lehrplänen Deutsch für die Gymnasiale Oberstufe des Gymnasiums und der Gesamtschule in Nordrhein-Westfalen. Zum anderen greifen sie die ministeriellen Vorgaben für das Zentralabitur Deutsch auf und berücksichtigen alle Schwerpunktthemen und verbindlichen Inhaltsfelder.

Zu jedem Klausurbeispiel finden Sie einen ausführlichen **Lösungsvorschlag**, mit dem Sie Ihren eigenen Aufsatz vergleichen können. Den Lösungsvorschlägen vorangestellt sind **Hinweise und Tipps**, die Ihnen bei der Erschließung der einzelnen Arbeitsanweisungen helfen. Wesentliche **Fachbegriffe** in den Lösungsvorschlägen sind durch Fettdruck hervorgehoben, **Strukturierungshinweise am Rand** sollen helfen, den Gedankengang nachzuvollziehen. Vergegenwärtigen Sie sich bei Ihrer Vorbereitung immer wieder die genaue Fragestellung und die verwendeten Operatoren und lesen Sie wiederholt die Erklärung der unterschiedlichen Aufgabenarten in den Hinweisen nach. Auf diese Weise wiederholen Sie auch die im Unterricht gelernten Inhalte und Methoden.
Ein **Stichwortverzeichnis** ermöglicht die schnelle Orientierung in dem Band.

Wir wünschen Ihnen eine effektive Abiturvorbereitung und eine erfolgreiche Abiturprüfung!

Die Autoren und der Verlag

Vorwort

Stichwortverzeichnis

Sachregister

Werkregister

Personenregister

Hinweise und Tipps

1 Grundlagen

Ab 2007 werden die Prüfungsaufgaben in Nordrhein-Westfalen für die schriftliche Abiturprüfung zentral vom Ministerium für Schule und Weiterbildung gestellt. Die mündliche Abiturprüfung hingegen wird weiterhin dezentral von der jeweiligen Schule entwickelt.

1.1 Vorgaben für das Zentralabitur Deutsch 2008

In Aufbau und Inhalt orientieren sich die zentralen Prüfungsaufgaben an drei Vorgaben:

- an den gültigen Richtlinien und Lehrplänen Deutsch Sekundarstufe II – Gymnasium/Gesamtschule,
- an den bundesweit gültigen Einheitlichen Prüfungsanforderungen in der Abiturprüfung (EPA),
- an den jährlichen Vorgaben zu den unterrichtlichen Voraussetzungen für die schriftliche Prüfung im Abitur in der gymnasialen Oberstufe.

Die Berücksichtigung dieser Vorgaben im Unterricht soll sicherstellen, dass alle Schülerinnen und Schüler in der Qualifikationsphase der JS 12 und 13 konkret auf die Anforderungen des Abiturs vorbereitet werden. Alle für Sie wichtigen Informationen für die Prüfung finden Sie in den anschließenden Hinweisen. Im Internet können Sie sich zusätzlich auf folgenden Seiten ergänzend informieren:

www.learn-line.nrw.de/angebote/abitur-gost-07/faecher.php
www.kmk.org/doc/beschl/epa_deutsch.pdf

1.2 Zeitrahmen

Bei den zentralen Abiturprüfungen im Fach Deutsch werden Ihnen vier verschiedene Aufgaben vorgelegt, von denen Sie eine zur Bearbeitung auswählen müssen. Für die Auswahl haben Sie 30 Minuten Zeit. Im Leistungskurs stehen Ihnen für dic Anfertigung der Arbeit dann noch 4 ¼ Stunden (255 Minuten) zur Verfügung.

1.3 Struktur der Aufgaben

Die vier Abituraufgaben entsprechen folgenden Vorgaben:

1. Die Themen stammen aus den vier Halbjahren der Qualifikationsphase (also aus den Jahrgangsstufen 12 und 13). Dabei werden die Schwerpunktthemen der Vorgaben (siehe oben) vorausgesetzt.
2. Die vier zur Auswahl gestellten Aufgaben greifen unterschiedliche Themen aus diesen inhaltlichen Vorgaben auf. Zur erfolgreichen Bearbeitung einer Aufgabe ist Wissen aus unterschiedlichen thematischen Bereichen notwendig, da jede Abiturprüfungsaufgabe über einen einzelnen Schwerpunkt hinausreichende Bezüge aufweist.
3. Die Abituraufgaben sind im Hinblick auf die konkrete Aufgabenstellung so gestaltet, dass sie von Ihnen Leistungen auf drei aufeinander aufbauenden Niveaus, den sogenannten „Anforderungsbereichen“ (siehe S. 16) verlangen und einer der im Lehrplan zugelassenen Aufgabenarten I bis III (siehe S. 3 f.) entsprechen müssen.

2 Unterrichtsbereiche und Aufgabenarten

2.1 Schwerpunktthemen
„Inhaltliche Schwerpunkte“ im Fach Deutsch für die Abiturprüfung 2008

(Quelle: Ministerium für Schule und Weiterbildung Düsseldorf 2007; vgl. auch Richtlinien und Lehrpläne Deutsch Sek. II)

- **Umgang mit Texten**
  - Literatur vor 1700: Lyrik des Barock
  - Epochenumbruch 18./19. Jh. – unter besonderer Berücksichtigung der Entwicklung des Dramas: G. E. Lessing, *Emilia Galotti*
  - Epochenumbruch 19./20. Jh. – unter besonderer Berücksichtigung der Entwicklung von Erzählformen: Th. Fontane, *Irrungen, Wirrungen*
  - Gegenwartsliteratur: Bernhard Schlink, *Der Vorleser*
- **Reflexion über Sprache**
  - Verhältnis von Sprechen, Denken und Wirklichkeit: Sprache und Wirklichkeit, Sprache und Fiktion
  - Durch Informations- und Kommunikationstechnologien bewirkte Veränderungen im Denken, Wahrnehmen und Kommunizieren: Massenmedien und Bewusstseinsindustrie

Schwerpunkte	Übungsaufgaben
Literatur vor 1700: Lyrik des Barock	4, 8
Epochenumbruch 18./19. Jh.: G. E. Lessing, *Emilia Galotti*	1, 3, 4, 5, 6, 9
Epochenumbruch 19./20. Jh.: Th. Fontane, *Irrungen, Wirrungen*	1, 5, 6, 8, 9, 10
Gegenwartsliteratur: Bernhard Schlink, *Der Vorleser*	2, 7
Sprache und Wirklichkeit, Sprache und Fiktion	3, 7, 10
Massenmedien und Bewusstseinsindustrie	2

Inhaltlich werden sich Ihre Abiturprüfungsaufgaben auf diese verbindlichen Schwerpunktthemen konzentrieren. Dies bedeutet für Sie jedoch nicht, dass sich Ihre Vorbereitung ausschließlich auf diese Texte und Bereiche beschränken darf. Die Lektüre von Fontanes Roman *Irrungen, Wirrungen* allein beispielsweise befähigt Sie noch nicht hinreichend, das Thema Epochenumbruch 19./20. Jh. für die Abiturprüfung umfassend zu erschließen. Vielmehr müssen Sie sich auch mit den übrigen im Unterricht zu diesem Thema behandelten Texten beschäftigen, um eine gute Abiturvorbereitung zu gewährleisten.
Sie werden Aufgaben bekommen, die auf Kenntnissen und methodischen Fähigkeiten basieren, die Sie im Unterricht im Zusammenhang mit diesen Texten erworben haben.

Vorstellbar sind daher z. B.:

- eine Aufgabe mit einem Analyseauftrag zu einem dramentheoretischen Text und einem weiterführenden Schreibauftrag, der sich auf Lessings *Emilia Galotti* bezieht,
- die Aufgabe, zwei Rezensionen zu einem der Werke vergleichend zu analysieren, eine Aufgabe mit einem Analyseauftrag zu einem Text, in dem sich Lessing, Fontane oder Schlink zu ihrem Werk oder zu ihrem Verständnis als Dichter/ Schriftsteller äußern, verbunden mit einem weiterführendem Schreibauftrag, der umfassende Kenntnisse zu den Werken, zu den Autoren oder zur jeweiligen Epoche voraussetzt,
- eine Aufgabe mit einem Analyseauftrag zu einem Auszug aus einem im Unterricht nicht behandelten Drama oder Roman mit anschließendem weiterführenden Schreibauftrag, der sich auf das im Unterricht behandelte Drama Lessings oder einen der beiden Romane bezieht (Voraussetzung: Beherrschen der Methode der Dramen- und Romananalyse, umfassende Kenntnisse des behandelten Dramas, der behandelten Romane und der jeweiligen Autoren und Epochen).

Überdies sollten Sie beachten, dass jede Abiturprüfungsaufgabe zwei unterschiedliche Schwerpunktthemen in ihrer Aufgabenstellung berücksichtigen muss. *Beispiel:* Eine Abiturprüfungsaufgabe zur Lyrik des Barock wird von Ihnen nicht einfach nur eine Interpretation eines Barocksonetts verlangen, sondern Sie beispielsweise auffordern, dieses Sonett mit einem expressionistischen Sonett oder einem thematisch entsprechenden Gedicht der Romantik zu vergleichen. Somit sind zwei Schwerpunktthemen in der Aufgabe enthalten, die strukturell oder thematisch miteinander in Beziehung gesetzt werden können.

2.2 Aufgabenarten und Bearbeitungshinweise

In der Abiturprüfung werden Ihnen Aufgaben gestellt, die zu den folgenden drei Aufgabenarten gehören: der **Analyse von Sachtexten** (siehe S. 4 ff.), der **Analyse von literarischen Texten** (siehe S. 10 ff.) und der **Erörterung im Anschluss an die eingeschränkte Analyse einer Textvorlage** (siehe S. 13 ff.). Die folgende Tabelle gibt Ihnen einen kurzen Überblick über diese unterschiedlichen Aufgabenarten.

Aufgabenarten

I	A	Analyse eines Sachtextes mit weiterführendem Schreibauftrag
	B	vergleichende Analyse von Sachtexten
	C	vergleichende Analyse eines Sachtextes und eines literarischen Textes
II	A	Analyse eines literarischen Textes mit weiterführendem Schreibauftrag
	B	Analyse eines literarischen Textes mit weiterführendem, produktionsorientiertem Schreibauftrag
	C	vergleichende Analyse von literarischen Texten
III	A	argumentative Entfaltung eines fachspezifischen Sachverhaltes bzw. Problems oder eines Problems, dessen fachlicher Hintergrund aus dem Unterricht bekannt ist, im Anschluss an eine Textvorlage

Typ I: Analyse von Sachtexten

Aufgabenart I fordert die Analyse von Sachtexten mit überwiegend informierender, argumentierender oder appellativer Funktion. Es werden Ihnen z. B. Texte vorgelegt, die sich mit Fragen der Literatur oder der Sprache beschäftigen. Vorwiegend handelt es sich hierbei um theoretische Abhandlungen, um Briefe, Rezensionen zu Filmen oder Theaterstücken sowie um (politische) Reden oder um Leitartikel aus Zeitungen.

Denkbar sind z. B.:
- Rezensionen zu einer Inszenierung von *Emilia Galotti*,
- Rezensionen zu B. Schlinks Roman *Der Vorleser* oder zu Th. Fontanes Roman *Irrungen, Wirrungen*,
- medienkritische Texte,
- Texte zum Thema „Sprechen, Denken, Wirklichkeit“,
- dramentheoretische Texte, z. B. ein Brief, in dem sich ein Autor mit seiner Aufgabe als Dramatiker auseinandersetzt.

Zur Vorbereitung auf Prüfungsaufgaben der Aufgabenart I sollten Sie sich vor allem eingehend mit den Epochenmerkmalen befassen, da sich die zu analysierenden Texte auf diese Bereiche beziehen können.

Typ I A: Analyse eines Sachtextes mit weiterführendem Schreibauftrag

Hinweise zur Aufgabenstellung

Die erste Teilaufgabe, der etwa ein Stellenwert von **2/3 bei der Bewertung** zukommt, fordert die **Analyse des Sachtextes**. Auf diesem Teil muss das Hauptgewicht Ihrer Ausführung liegen.
Der erste Arbeitsauftrag kann sich auf die Aufforderung *„Analysieren Sie den vorliegenden Text“* beschränken, kann aber auch eine besondere Schwerpunktsetzung beinhalten, z. B. *„Analysieren Sie den vorliegenden Text unter besonderer Berücksichtigung der Frage, welche Wirkung der Verfasser erreichen wollte“*. In diesem Fall müssen Sie im Rahmen Ihrer Analyse besonders ausführlich auf diesen zusätzlichen Aspekt eingehen. Das kann z. B. dadurch geschehen, dass Sie einzelne rhetorische Mittel hinsichtlich der Wirkung, die durch sie erzielt werden soll, untersuchen und zudem verdeutlichen, wie dadurch die Intention des Verfassers deutlich wird.

Hinweise zur Bearbeitung

Da es sich bei Aufgabenart I um Texte handelt, die überwiegend informierenden, argumentierenden oder appellativen Charakter aufweisen, stehen die **Untersuchung der (Argumentations-)Struktur** und der **rhetorischen Mittel** im Mittelpunkt der Analyse. Wichtig ist vor allem, dass Sie darauf achten, Merkmale des Textes nicht einfach nur aufzulisten. Sie müssen vielmehr stets die Funktion bzw. Wirkung der verwendeten Elemente hinterfragen: Welche Wirkung soll durch den Einsatz der rhetorischen Fragen an Stelle X des Textes hervorgerufen werden? Woran wird deutlich, dass der Verfasser weniger argumentiert als manipuliert?
Da der Text in einem bestimmten Kommunikationszusammenhang steht, ist es erforderlich, auch diesen angemessen darzustellen. Nur auf diese Weise lassen sich Aussagen zur Funktion von Besonderheiten des Textes treffen.
So ist es z. B. bei Reden wichtig, sowohl den zeitlichen Bezug herzustellen als auch den Zuhörerkreis zu betrachten, vor dem diese Rede gehalten wurde. Es macht schließlich einen Unterschied, ob die Rede an das einfache Volk, an Soldaten vor einem Kriegseinsatz oder an Politiker während einer Bundestagsdebatte gerichtet ist.
Es empfiehlt sich, dass Sie bei der Analyse den unten aufgeführten Fragenkatalog als Hilfe verwenden und ihn dazu im Gedächtnis behalten. Stichpunkte können Sie am Rand der Texte während des mehrmaligen Lesens vor Beginn Ihrer Niederschrift festhalten – arbeiten Sie mit verschiedenfarbigen Stiften! **Sie selbst** müssen sich nach intensivem Lesen und nach Ihrem ersten Verständnis des Sachtextes darüber klar werden, welche Aspekte/Fragen im Hinblick auf diesen zu analysierenden Text besonders wichtig und welche eher nachrangig zu behandeln sind: setzen Sie Schwerpunkte! Machen Sie sich bewusst, dass jeder Text andere Eigenarten hat. So kann es bezogen auf den einen Text besonders wichtig sein, auf Anlass und Adressaten einzugehen; bezogen auf einen anderen Text, z. B. den Werkstattbericht eines Autors

oder eine theoretische Abhandlung über die Rolle des Theaters, kann dies eher unbedeutend sein. Sie müssen also bei jedem Text individuell entscheiden, welche Aspekte und Fragestellungen die jeweils größte Relevanz aufweisen und somit in Ihrer Analyse besonders zu berücksichtigen sind.

Fragen, die bei der Erschließung von Sachtexten hilfreich sind

1. *Welches sind Anlass und Thema/Inhalt des Textes?*
   - Welche Intention verfolgt der Text?
2. *Wer ist der Verfasser?*
   - In welcher Rolle wendet er sich an den/die Adressaten?
   - An welchen/welche Adressaten wendet er sich?

   Hinweise darauf sind z. B. den Anreden innerhalb des Textes und – im Falle einer Rede – den ausgewiesenen Reaktionen des Publikums zu entnehmen.
3. *Eigenschaften des Textes*
   - Wie geht der Verfasser vor, um wirksam zu sein?
     Besonders zu beachten sind die folgenden Elemente in ihrer Funktion/Wirkung: Aufbau des Textes/Inhalt der Sinnabschnitte, Argumentationsstruktur (Thesen, Argumente, Belege); vorherrschende Funktion des Textes: Selbstoffenbarung/Ausdruck, Appell, Darstellung.
   - Welche These(n) vertritt der Verfasser? Spricht er Vermutungen, Annahmen oder Überzeugungen aus?
   - Enthalten die Thesen Forderungen? Falls ja: welche Forderungen werden gestellt?
   - Mit welchen Argumenten werden Thesen gestützt? (Z. B. Tatsachen, Gesetzmäßigkeiten, Forschungsergebnisse, Meinungen von Autoritäten oder Experten, allgemeine/persönliche Erfahrungen)
   - Mit welchen Belegen bzw. Beispielen verdeutlicht der Verfasser seine Argumente?
   - Zieht der Verfasser Schlussfolgerungen?
   - Wie setzt sich der Verfasser mit möglichen Einwänden auseinander?
4. *Sprachlich-rhetorische Gestaltung*
   - Welche Stilmittel verwendet der Verfasser? (Z. B. Bilder, Vergleiche, Metaphern, Antithesen, Klimax, Negationen, rhetorische Fragen)
   - Welche Funktion üben diese Stilmittel aus? Welche Wirkung soll durch die Verwendung dieser Stilmittel erzielt werden?
   - Auf welcher Sprachebene bewegt sich der Verfasser? Benutzt er Fachsprache(n), Umgangssprache, Vulgärsprache?
   - Wie lässt sich die verwendete Sprache charakterisieren? Handelt es sich um einen sachlichen Sprachstil oder ist die benutzte Sprache emotional geprägt?
   - Besitzt der Text einen appellativen Charakter, dient er der Manipulation des Lesers?
5. *Rezeption des Textes*
   - Wie wurde der Text aufgenommen? Welche Reaktionen sind zu erwarten?

Hinweise zur Gliederung

Die oben genannten Aspekte 1 (Anlass und Thema des Textes, Intention) sowie 2 (Verfasser, Adressaten) sollten in Kurzform auch Bestandteil der **Einleitung** sein, werden jedoch hauptsächlich im Hauptteil bearbeitet.

> *Beispiel:*
> Zu seinem Brief vom ... wurde der Dramatiker ... durch die Vorwürfe seiner Familie veranlasst. Er will sich vor seinen Eltern rechtfertigen, wendet sich an seine Familie und erklärt, worin er seine Aufgabe als Dichter sieht. Besonderen Wert legt er darauf, sich von anerkannten Dichtern wie ... abzugrenzen. Sein Brief lässt die Annahme zu, dass er an das Verständnis seiner Familie appelliert.

Im **Hauptteil** (siehe oben genannte Aspekte 3: Aufbau des Textes, Argumentationsstruktur, vorherrschende Funktion, sprachlich-rhetorische Gestaltung) müssen Sie darauf achten, dass Sie die Untersuchungsgesichtspunkte miteinander in Verbindung setzen und nicht nur additiv aneinanderreihen. Das bloße Aufzählen rhetorischer Mittel verdeutlicht z. B. nicht, aus welcher Wirkungsabsicht heraus diese in dem jeweiligen Text vom Autor eingesetzt wurden.

Den **Schluss** kann z. B. eine kurze eigene Stellungnahme bilden, falls diese nicht Bestandteil der zweiten Teilaufgabe ist. Diese Stellungnahme kann beispielsweise Ihre persönliche Bewertung der Textaussage, der Überzeugungskraft der Argumente oder der Wirkung der sprachlich-rhetorischen Gestaltung auf Sie selbst zum Gegenstand haben.

Hinweise zur Bearbeitung des weiterführenden Schreibauftrages

An die Analyse des Sachtextes schließt sich bei der Aufgabenart I A als zweite Arbeitsanweisung ein weiterführender Schreibauftrag an. Hierbei sollen Sie vor allem im Unterricht erworbene Kenntnisse einbringen und anwenden. Die Bewertung dieses Teils wird ca. **1/3 der Gesamtnote** ausmachen.

Der weiterführende Schreibauftrag fordert z. B.:

- eine ausführliche Stellungnahme vor dem Hintergrund der im Unterricht erworbenen Kenntnisse,
- einen Vergleich mit einer anderen im Unterricht behandelten Position (z. B. bei der Vorlage eines dramentheoretischen Textes einen Vergleich mit dem Anliegen, das in Lessings *Emilia Galotti* deutlich wird),
- ein Inbezugsetzen zu einem im Unterricht behandelten Werk, z. B. wenn ein literaturtheoretischer Text zur Analyse vorliegt.
  Beispiel:
  „Verdeutlichen Sie, inwiefern sich die hier vertretene Position in literarischen Werken der Gegenwart nachweisen lässt. Beziehen Sie sich dabei vor allem auf B. Schlinks Roman Der Vorleser.“
- ein eigenes Produkt, z. B. in Form eines Leserbriefs als Antwort auf einen Artikel, den Sie zuvor analysiert haben,
- eine eigene kurze Rede zu einem bestimmten Anlass, z. B. der geplanten Namensgebung Ihres Gymnasiums im Anschluss an einen Zeitungsartikel, der sich mit der für die Neubenennung in Frage kommenden Person kritisch auseinandersetzt.

Typ I B: Vergleichende Analyse von Sachtexten

Hinweise zur Aufgabenstellung

Sie haben zwei (selten mehr) Sachtexte zu bearbeiten, die Sie analysieren und miteinander vergleichen sollen. Darüber hinaus ist keine weitere Teilaufgabe vorgesehen.

Mögliche Arbeitsaufträge: *„Analysieren Sie die vorliegenden Texte vergleichend"*.
Hier liegt keine einschränkende Nennung von Aspekten vor. Oder: *„Analysieren Sie die vorliegenden Texte vergleichend unter besonderer Berücksichtigung ..."*.
Hier wird ein weiterführender Aspekt bzw. Schwerpunkt benannt (z. B. *„... unter besonderer Berücksichtigung der Frage, welche Reaktion der Verfasser dieser Briefe von seinen Adressaten erwartet"*).
In diesem Fall werden Sie dazu aufgefordert, die Texte zu analysieren und hierbei unter dem genannten Aspekt schwerpunktmäßig zu vergleichen.

Hinweise zur Bearbeitung

Die vergleichende Analyse kann auf zwei methodisch unterschiedlichen Wegen durchgeführt werden.

A Sie können zum einen jeden Text zunächst geschlossen analysieren und Ihre daraus gewonnenen Erkenntnisse anschließend miteinander vergleichen (*reihende Methode*).

B Zum anderen können Sie jedoch auch beide Texte anhand einzelner Aspekte schrittweise analysieren, diese jeweils direkt miteinander vergleichen und abschließend eine Zusammenfassung Ihrer Untersuchungsergebnisse formulieren (*vergleichende Methode*).

In beiden Fällen sollten Sie wie bei Typ I A in einer **Einleitung** beide Texte kurz im Hinblick auf Anlass und Thema des Textes, Verfasser, Intention des Verfassers und Adressaten vorstellen.

Zu A: Wenn Sie die **„reihende Methode"** wählen, müssen Sie
- zunächst einen der beiden Texte im Hinblick auf die im Katalog unter Punkt 3 angeführten Aspekte analysieren (siehe S. 6),
- anschließend den zweiten Text ebenfalls unter Berücksichtigung der im Fragenkatalog unter Punkt 3 angeführten Aspekte analysieren, dabei aber immer wieder Bezüge zu den Analyseergebnissen des Hauptteils 1 herstellen;

  Formulierungshilfen:
  „Während Text 1 auf ... abzielt, verfolgt Text 2 die Intention ...";
  „Anders als in Text 1 ..."; / „Im Gegensatz zu Text 1 ...";
  „Dieser Aspekt wird im Vergleich dazu in Text 1 ... thematisiert";
  „Während in Text 1 davon ausgegangen wird, dass ... wird in Text 2 die Behauptung aufgestellt, ... sei ...";
  „Anders als in Text 1 wird in Text 2 ... positiv bewertet";
- zuletzt die Vergleichsergebnisse zusammenfassen.

Aufbau der Arbeit bei der reihenden Methode

1 Einleitung
2 Hauptteil: Darstellung der Vergleichsergebnisse
2.1 Darstellung der Analyse des Textes 1
2.2 Darstellung der Analyse des Textes 2 unter stetem Rückgriff auf die Ergebnisse zu Text 1
2.3 Zusammenfassung der Vergleichsergebnisse
3 Schluss

Zu B: Bei der „**vergleichenden Methode**" müssen Sie zunächst übergeordnete Gliederungspunkte wählen, bevor Sie mit dem Vergleich beginnen. Hier kann der Fragenkatalog von S. 5 f. eine Hilfe sein. Wenn Sie diese Methode wählen, müssen Sie nach und nach die Ergebnisse zu beiden Texten, gewonnen aus dem Fragenkatalog, miteinander verknüpfen.

Beispiel:
„Während in Text 1 im ersten Satz schon die Hauptthese … aufgestellt wird, folgt in Text 2 die Hauptthese erst einem Beispiel. Ein solches Beispiel führt der Autor von Text 1 erst an, nachdem er …"

- abschließend die Vergleichsergebnisse zusammenfassen.

Aufbau der Arbeit bei der vergleichenden Methode

1 Einleitung
2 Hauptteil: Darstellung der Vergleichsergebnisse
2.1 Untersuchungsaspekt 1: Text 1/Text 2
2.2 Untersuchungsaspekt 2: Text 1/Text 2
2.3 usw.
3 Schluss: Zusammenfassung der Untersuchungsergebnisse

Für den **Schluss** bietet es sich an, dass Sie ergänzend eine kurze Stellungnahme abgeben. Mögliche Aspekte sind z. B. der Inhalt, die Überzeugungskraft der Argumente oder die rhetorische Gestaltung und deren Wirkung auf den Leser.

Typ I C: Vergleichende Analyse eines Sachtextes und eines literarischen Textes

Hinweise zur Aufgabenstellung

Dieser Aufgabentyp zielt auf den Vergleich eines Sachtextes mit einem literarischen Text ab. Denkbar ist z. B., dass Sie einen theoretischen Text zur Aufgabe von Lyrik und ein thematisch verwandtes Gedicht vergleichend analysieren sollen.
Ein möglicher Arbeitsauftrag kann entweder auf die Aufforderung *„Analysieren Sie die vorliegenden Texte vergleichend"* beschränkt oder mit einem zusätzlichen Analyseschwerpunkt verbunden sein: *„Analysieren Sie die vorliegenden Texte vergleichend unter besonderer Berücksichtigung des Kerngedankens aus dem theoretischen Text."*

Im zweiten Fall wird ein weiterführender Aspekt benannt; Ihre vergleichende Analyse muss sich bei dieser erweiterten Aufgabenstellung in besonderer Weise auf den genannten Aspekt konzentrieren.

Hinweise zur Bearbeitung
In Ihrer Ausfertigung können Sie wiederum zuerst beide Texte nacheinander anhand einer vorher festgelegten Reihenfolge spezifischer Merkmale untersuchen und abschließend vergleichen. Sie können ebenso gut einzelne Aspekte gleichzeitig an beiden Texten überprüfen und die Erkenntnisse, die Sie daraus gewonnen haben, anschließend vergleichend zusammenfassen.
Bei diesem Aufgabentyp ist es wichtig, dass Sie **dem literarischen Text als solchem** gerecht werden: Dies bedeutet, dass Sie die entsprechenden textsortenspezifischen Merkmale und den Zusammenhang von Inhalt/Aussage und Gestaltung erfassen und darstellen. So sollten Sie beispielsweise bei der Analyse eines Barocksonetts, das Sie mit einem theoretischen Text zur Aufgabe von Lyrik vergleichen sollen, immer den Zusammenhang von formaler Gestaltung und inhaltlicher Aussage des Gedichtes berücksichtigen und entsprechend darstellen. Beachten Sie hierauf bezogen die Hinweise, die Sie nachfolgend zur Analyse eines literarischen Textes erhalten.
Im Schlussteil können Sie beispielsweise der Frage nachgehen, wie die Wirksamkeit von Texten einzuschätzen ist. Es könnte sich z. B. die Frage ergeben, ob ein literarischer Text eine größere Wirkung auf Sie als Rezipienten ausübt als ein vergleichbarer Sachtext zum selben Thema.

Typ II: Analyse von literarischen Texten

Aufgabenart II bezieht sich auf die Analyse von literarischen Texten. Es werden Ihnen dabei z. B. Gedichte, ein Auszug aus einem Drama oder aus einem Roman zur Analyse vorgelegt. Die Analyse literarischer Texte setzt fundierte Kenntnisse der im Unterricht behandelten Schwerpunktthemen und der jeweiligen Epochen- und Textsortenmerkmale voraus.

Denkbar sind z. B.:
- Auszüge aus einem bürgerlichen Trauerspiel,
- Auszüge aus einem Roman oder aus einem anderen literarischen Text, der vor dem Hintergrund Ihrer Beschäftigung mit den Romanen Schlinks und Fontanes von Ihnen analysiert werden kann,
- Gedichte, z. B. Barocksonette oder andere lyrische Formen, die Sie im Hinblick auf Ihre im Unterricht erworbenen Kenntnisse der Barocklyrik analysieren können.

Typ II A:
Analyse eines literarischen Textes mit weiterführendem Schreibauftrag

Hinweise zur Aufgabenstellung
Die erste Teilaufgabe, der **bei der Bewertung ein Stellenwert von etwa 2/3** zukommt, fordert die Analyse des literarischen Textes und sollte den Schwerpunkt Ihrer Ausfertigung bilden.

Die Aufgabenstellung kann als allgemeiner Analyseauftrag an Sie gerichtet sein *(„Analysieren Sie den vorliegenden Text“)*, sie kann jedoch auch einen zusätzlichen Aspekt umfassen, den Sie in Ihrer Analyse schwerpunktmäßig untersuchen sollen, z. B. *„Analysieren Sie den vorliegenden Text unter besonderer Berücksichtigung der Metaphorik“.*
In diesem Fall müssen Sie im Rahmen der Analyse in besonderem Maße auf den genannten Untersuchungsaspekt eingehen.

Hinweise zur Bearbeitung
Im Verlauf Ihrer Textanalyse ist entscheidend, dass Sie keine bloße Auflistung von Textmerkmalen erstellen, sondern dass Sie die einzelnen Elemente stets hinsichtlich Ihrer Funktion und Wirkung hinterfragen und entsprechend erläutern.

Beispiel:
„Das insgesamt achtfache Vorliegen von Negationen im zweiten Abschnitt verdeutlicht im besonderen Maße die Ablehnung des Schriftstellers; die in diesem Abschnitt ebenfalls vorkommenden drei Antithesen verstärken das gemeinte positive Gegenbild, worin X im Unterschied hierzu die Lösung sieht.“

Hinweise zur Gliederung
In Ihrer Einleitung sollten Sie zunächst kurz auf den Autor, die Epoche und die Textsorte eingehen und den Inhalt in aller Kürze wiedergeben. Die Ausführungen zu Autor und Epoche sollten gezielt erfolgen: Beschränken Sie sich auf das, was im Hinblick auf den zu analysierenden Text von Bedeutung ist. Geben Sie danach Ihr Text-/Themenverständnis wieder.

Beispiel für eine Arbeitshypothese, die eine Schülerin als Ausgangspunkt der Analyse der Szene I,1 aus *Emilia Galotti* formuliert hat:
„In der vorliegenden Szene hat Lessing den Prinzen so kindisch gestaltet, um seine Kritik an der Unfähigkeit der Herrschenden deutlich zu machen.“

Hiervon ausgehend kann man folgende Analyse planen: Sie untersuchen zunächst die Redebeiträge des Prinzen, insbesondere den ersten Monolog im Hinblick auf die Frage, ob bzw. inwiefern der Prinz hier kindisch erscheint und wie sein Verhalten auf den Zuschauer wirken muss. Dazu arbeiten Sie die entsprechenden sprachlichen Besonderheiten heraus. Außerdem gehen Sie der Frage nach, welche Bedeutung der Raum hat, in dem das Gespräch stattfindet. Das Kabinett sollte nämlich der Raum politischer Entscheidungen und nicht der Raum privater Klagen und Träumereien sein. Im Rahmen dieser Untersuchung stellen Sie auch heraus, dass diese erste Szene schon Hinweise zur Bedeutung der Frauenfiguren Orsina und Emilia Galotti enthält und so vorausdeutenden Charakter besitzt.
Im Verlauf des **Hauptteils** greifen Sie wiederholt auf Ihre Arbeitshypothese zurück und gelangen so im Fortgang Ihrer Ausführung zu dem Ergebnis, dass es Lessing hier vor allem darum geht, den Zuschauern die Augen zu öffnen für Willkür und Verantwortungslosigkeit am Hof.

Wichtig ist, dass Sie im Hauptteil darauf achten,

- dass Sie dem Text **kein starres Analyseschema** überstülpen, sondern von einer Arbeitshypothese oder von besonderen Textmerkmalen ausgehen und davon Ihre weiteren Analyseschritte ableiten,
- dass Sie die Untersuchungs**gesichtspunkte miteinander in Verbindung** bringen. So soll z. B. geklärt werden, welche rhetorischen Mittel der Autor einsetzt, um die Eigenschaften des Protagonisten besonders zu betonen.

Zum Schluss können Sie z. B. Hinweise zur Wirkung des Textes oder eine kurze Stellungnahme zum Inhalt, zur Figurenzeichnung, zur Aussage/Intention, zur sprachlichen Gestaltung oder zur Wirkung formulieren, falls diese nicht in erweiterter Form durch die zweite Teilaufgabe eingefordert wird.

Hinweise zur Bearbeitung des weiterführenden Schreibauftrages

Dieser Teil, in dem Sie hauptsächlich im Unterricht erworbene Kenntnisse einbringen können, wird ca. **1/3 der Bewertung** ausmachen. Er erfordert, dass Sie sich darlegend, erklärend und/oder deutend äußern, z. B. durch

- eine ausführliche Stellungnahme,
- einen Vergleich von Rolle oder/und Verhalten einer Figur des vorgelegten Textes mit einer anderen aus dem Unterricht bekannten Figur (z. B. aus *Der Vorleser*),
- eine Verbindung zu einer im Unterricht behandelten Epoche oder zu einem im Unterricht behandelten Werk.

Beispiel:
„Erläutern Sie, welche Kritik ein Vertreter der Epoche der Aufklärung an vorliegendem Text geübt haben könnte" oder „Vergleichen Sie das im vorliegenden Text zum Ausdruck gebrachte Frauenbild mit dem Bild, das in dem Ihnen bekannten Roman X von Figur Y entworfen wird".

Typ II B: Analyse eines literarischen Textes mit weiterführendem, produktionsorientiertem Schreibauftrag

Hinweise zur Aufgabenstellung

Dieser Aufgabentyp unterscheidet sich vom Aufgabentyp II A nur durch die Art des weiterführenden Schreibauftrags, der im Falle von II B **produktionsorientiert** ist. Dies bedeutet, dass der Schreibauftrag von Ihnen in diesem Fall vor dem Hintergrund Ihrer Kenntnisse aus dem Unterricht (vgl. Schwerpunktthemen!) und der von Ihnen im ersten Teil der Klausur erbrachten Analyse die Anfertigung eines quasi „literarischen" Textes verlangt, z. B.

- das Umschreiben eines Textes/Textteils aus der Perspektive einer Figur des Textes,
- einen Paralleltext,
- einen Gegentext,
- eine Stellungnahme aus der Sicht einer literarischen Figur, die Ihnen bekannt ist („Verfassen Sie aus der Sicht der Figur x eine Stellungnahme zu …").

Die Bewertungsmaßstäbe sind identisch mit denen von Aufgabentyp II. Auch bei diesem Aufgabentyp fließt die Bewertung des weiterführenden Schreibauftrages etwa zu 1/3 in die Benotung Ihrer Arbeit ein.

Typ II C: Vergleichende Analyse von literarischen Texten

Hinweise zur Aufgabenstellung

Bei der vergleichenden Analyse literarischer Texte müssen Sie zwei (selten mehr) literarische Texte analysieren und anschließend miteinander vergleichen.
Mögliche Arbeitsaufträge: *„Analysieren Sie die vorliegenden Texte vergleichend"*.
Hier liegt keine einschränkende Nennung von Aspekten vor. Oder: *„Analysieren Sie die vorliegenden Texte vergleichend unter besonderer Berücksichtigung …"*.
Hier wird ein weiterführender Aspekt bzw. Schwerpunkt benannt, z. B. *„… unter besonderer Berücksichtigung der Situation, in der sich die Protagonisten A und B befinden"*. Hierbei müssen sich Ihre Analyse und Ihr Vergleich in besonderem Maße auf den genannten Aspekt beziehen.

Hinweise zur Bearbeitung

Die vergleichende Analyse unterscheidet sich von der normalen Analyse eines literarischen Textes nur darin, dass Sie dazu aufgefordert werden, zwei oder mehrere Texte hinsichtlich Ihrer Analyseergebnisse miteinander in Beziehung zu setzen und zu vergleichen. Bei dem Vergleich können Sie wie beim Vergleich von Sachtexten auf unterschiedliche Art und Weise vorgehen (vgl. S. 8 f.).
Die jeweiligen textsortenspezifischen Merkmale sowie der Zusammenhang von Inhalt/Aussage und Gestaltung müssen bei der Analyse literarischer Texte besonders berücksichtigt und dargestellt werden

Hinweise zur Gliederung

Es gelten die bereits zu den Aufgabentypen I B und I C dargestellten Gliederungs- und Darstellungsempfehlungen (vgl. S. 7 f. und 9 f.).

Typ III A: Erörterung im Anschluss an die Analyse einer Textvorlage

(argumentative Entfaltung eines fachspezifischen Sachverhalts bzw. Problems, dessen fachlicher Hintergrund aus dem Unterricht bekannt ist, im Anschluss an eine Textvorlage)

Hinweise zur Aufgabenstellung, erste Teilaufgabe

Dieser Aufgabentyp fordert von Ihnen in der ersten Teilaufgabe die eingeschränkte Analyse eines Sachtextes argumentierender Natur. Dies bedeutet, dass sich die Analyse in diesem Fall auf die Argumentationsstruktur sowie den Argumentationsansatz des jeweiligen Textes beschränkt und im Gegensatz zu Aufgaben des Typs I keine Untersuchung sprachlich-rhetorischer Mittel gefordert wird.

Beispiele:
„Analysieren Sie den vorliegenden Text im Hinblick auf den Argumentationsansatz und die Argumentationsstruktur" oder eingeschränkter *„Analysieren Sie den vorliegenden Text im Hinblick auf die Argumentationsstruktur"*.

Mögliche Themen:

- theoretische Abhandlungen, z. B. über die Aufgabe des Dramas oder über den Zusammenhang von Sprechen, Denken und Wirklichkeit, ferner über die Bedeutung von Medien,
- Texte, die sich auf die Funktion und Aufgabe von Literatur beziehen, z. B. Briefe, die ein Dichter verfasst hat, um sich zu einem seiner Werke zu äußern,
- Rezensionen zu Filmen oder Theaterstücken,
- (politische) Reden oder Leitartikel aus Zeitungen.

Hinweise zur Aufgabenstellung, zweite Teilaufgabe

Die zweite Teilaufgabe fordert von Ihnen eine eigene Erörterung, die sich voraussichtlich beziehen wird auf

- die im vorgelegten Text vertretene Position oder
- eine im Text ausführlich entfaltete These sowie entsprechende Argumente.

Mögliche Formulierung: *„Erörtern Sie die hier vertretene Position"* oder *„Setzen Sie sich kritisch mit der hier vertretenen These und den entsprechenden Argumenten auseinander"*.

Als zweite Teilaufgabe sind auch noch andere Aufgabenformulierungen möglich. So kann die Aufgabe z. B. auch darin bestehen zu untersuchen, inwieweit die in einem Brief eines Dichters geäußerte Position zur Aufgabe von Literatur in einem Ihnen bekannten Roman literarisch umgesetzt wird. In diesem Fall besteht Ihre Aufgabe darin, begründete Nachweise für Übereinstimmungen zwischen der im Brief vertretenen Position und entsprechenden Elementen des Romans zu erbringen und diese durch konkrete Beispiele zu belegen.

Hinweise zur Bearbeitung

Um diese Aufgabenart erfolgreich zu bewältigen, sollten Sie

- die Methode der Analyse eines Sachtextes sicher beherrschen,
- über eine ausreichende Sicherheit im Verfassen eigener Erörterungen verfügen,
- die Bereiche der Obligatorik gründlich wiederholen, da die zu analysierenden Texte sich mit Themen der inhaltlichen Vorgaben zu den unterrichtlichen Voraussetzungen 2008 auseinandersetzen werden.

Der Schwerpunkt Ihrer Ausführung **muss** auf der eigenen **Erörterung** liegen, denn dieser Teil der Aufgabe fließt zu ca. **2/3 in die Gesamtnote** ein. Daher sollten Sie sich bei der eingeschränkten Analyse auf das Wesentliche, nämlich die Untersuchung der Argumentationsstruktur bzw. des Argumentationsansatzes (sofern in der Aufgabenstellung gefordert) konzentrieren.

In Ihrer **Einleitung** sollten Sie kurz Bezug nehmen auf Zeit, Anlass und Thema/ Inhalt des Textes und anschließend auf den Verfasser, seine Rolle und seine Intention eingehen.

Im **Hauptteil** werden Sie zunächst, sofern es die Aufgabenstellung verlangt, den Argumentationsansatz aus dem Text ableiten. Im Anschluss daran sollten Sie die Argumentationsstruktur ausführlich und deutlich darlegen.

Fragen zur Argumentationsstruktur (Thesen, Argumente, Belege):

- Welche These(n) vertritt der Verfasser?
- Spricht er Vermutungen, Annahmen oder Überzeugungen aus?
- Enthalten die Thesen Forderungen? Falls ja: Welche Forderungen werden gestellt?
- Mit welchen Argumenten werden Thesen gestützt? (Z. B. Tatsachen, Gesetzmäßigkeiten, Forschungsergebnisse, Meinungen von Autoritäten bzw. Experten, allgemeine/ persönliche Erfahrungen)?
- Mit welchen Belegen bzw. Beispielen verdeutlicht der Verfasser seine Argumente?
- Zieht der Verfasser Schlussfolgerungen?
- Wie setzt sich der Verfasser mit möglichen Einwänden auseinander?

Bei der Bearbeitung Ihrer Erörterung, die Sie gemäß der Vorgaben der zweiten Teilaufgabe verfassen müssen, ist vor allem wichtig, dass Sie die Hauptthesen der Textvorlage und die Argumente kritisch hinterfragen:

- Was spricht für die Stimmigkeit der Thesen?
- Welche Gegenargumente lassen sich anführen?
- Bietet sich ggf. ein Kompromiss an?

Wenn Sie eine bestimmte Position erörtern sollen, die in der zuvor analysierten Textvorlage enthalten ist, können Sie

A begründet der Position/These/dem Argument zustimmen:
„Den Standpunkt des Verfassers halte ich für richtig (teile ich), insofern als […] / Wenn der Verfasser kritisiert, dass […], so kann ich das nur bekräftigen, denn […]“,

B oder begründet die Position/These/das Argument ablehnen:
„Im Gegensatz zum Verfasser bin ich überhaupt nicht der Ansicht, dass […] /
Schon allein aus Grund X ist die These […] nicht haltbar“,

C oder differenzieren, d. h. in Teilen zustimmen, in Teilen ablehnen:
„Zwar hat der Verfasser recht, wenn er […] fordert, aber […] /
Sicher kann man dem Verfasser darin zustimmen, dass […], aber er beachtet dabei nicht […] /
Gar nicht berücksichtigt wird, dass […]“.

Achten Sie darauf, Ihre Position immer sachlich und differenziert zu begründen und wenden Sie hierfür die Kenntnisse an, die Sie im Unterricht erworben haben.

Hinweise zur Gliederung

Es gibt mehrere Möglichkeiten, wie Sie Ihre Erörterung aufbauen und gestalten können:

1. Die **linear steigende Erörterung**
   Hierbei ordnen Sie die Argumente zur eigenen Position bzw. zur Zustimmung/Ablehnung der in der Textvorlage vertretenen Position nach ihrer Wichtigkeit vom schwächeren zum stärksten Argument.

2. Die **dialektische (abwägende) Erörterung**
   Diese ist vor allem dann sinnvoll, wenn sich Argumente für und gegen die in der Textvorlage vertretene Position in etwa die Waage halten. Sie unterteilt sich in drei Typen:
   - **Typ 1a:** Die *diachrone* (entgegengerichtete) Erörterung, in der zunächst die Argumente der Pro- und dann die der Contra-Seite entfaltet werden, wenn man der Contra-Seite eher zustimmt und will, dass diese durch die Endstellung dem Leser besonders im Gedächtnis bleibt.
   - **Typ 1b**: Die *diachrone* Erörterung, in der zunächst die Argumente der Contra- und dann die der Pro-Seite entfaltet werden, wenn man der Pro-Seite eher zustimmt und will, dass diese durch die Endstellung dem Leser besonders im Gedächtnis bleibt.
   - **Typ 2:** Die *synchrone* (gleichgeschaltete) Erörterung, in der einem Argument der einen Seite jeweils ein Argument der anderen Seite gegenübergestellt wird.

Zum **Schluss** Ihrer Ausführung fassen Sie die Ergebnisse Ihrer Erörterung zusammen.

3 Anforderungsbereiche und Operatoren

3.1 Anforderungsbereiche (AFB)

In der Abiturprüfung erwarten Sie Aufgabenstellungen, die klar definierte Anforderungen sowohl an Ihre Verstehens- als auch an Ihre Darstellungsleistung stellen. Diese Anforderungen und die zugehörigen Arbeitsanweisungen lassen sich den drei verschiedenen **Anforderungsbereichen I bis III** zuordnen, die aufeinander aufbauen und von Ihnen einen zunehmenden Grad an Komplexität und an Abstraktionsfähigkeit verlangen.

Jede Abiturprüfungsaufgabe setzt sich aus Elementen dieser drei Anforderungsbereiche zusammen, die drei Leistungsstufen entsprechen. Dies bedeutet, es werden von Ihnen bei der Bearbeitung der Aufgaben grundsätzlich Leistungen dreier verschiedener Leistungsniveaus verlangt: die **Wiedergabe von Kenntnissen** (Anforderungsbereich I), die **Anwendung dieser Kenntnisse** (Anforderungsbereich II) sowie das **Problemlösen und Werten** (Anforderungsbereich III). Der Schwerpunkt der Anforderungen liegt bei allen Aufgabentypen im Bereich des Anforderungsbereichs II, für den die meisten Punkte bei der Bewertung vergeben werden.

Neben Ihrer Verstehensleistung wird in der Abiturprüfung auch Ihre **Darstellungsleistung** bestimmten Anforderungen unterstellt:
- adressatenbezogenes und funktionsgerechtes Schreiben,
- eine klare Gliederung der Ausführungen sowie eine schlüssige und gedanklich klare Argumentationsführung,
- Herstellen stimmiger Bezüge zwischen beschreibenden, deutenden und wertenden Aussagen,

- Beherrschen des Regelsystems (Regeln der Zeichensetzung, Rechtschreibung, Grammatik),
- präziser und abwechslungsreicher Ausdruck,
- Verwendung von Fachsprache,
- übersichtliche und sinnvoll variierende Satzgestaltung,
- korrektes Zitieren,
- lesbares Schreiben im Rahmen einer leserfreundlichen Gestaltung (Layout).

Beachten Sie, dass bei gehäuften Verstößen gegen die sprachliche Richtigkeit die für den Darstellungsbereich im Bewertungsschlüssel ausgewiesene Punktzahl nicht erreicht werden kann. Darüber hinaus gilt für alle Fächer weiterhin die Regelung, dass „gehäufte Verstöße zur Absenkung der Leistungsbewertung um ein bis zwei Notenpunkte [führen]" (§ 13 Abs. 2 APO–GOSt).

3.2 Operatoren

Operatoren definieren, welche Art von Aufgabenstellung mit der jeweiligen Arbeitsanweisung gemeint ist und zeigen, welches Anforderungsniveau mit ihrer Hilfe angesteuert werden soll. Mit ihnen sind die detaillierten Arbeitsaufträge gemeint, die Ihnen in den Klausuren gestellt werden. Sie dienen durch ihre konkreten Vorgaben sowohl dazu, Arbeitsaufträge eindeutig zu formulieren und voneinander abzugrenzen als auch einheitliche Bewertungs- und Korrekturmaßstäbe zu setzen. Daher ist es äußerst wichtig, dass Sie sich mit den Anforderungen, die die einzelnen Operatoren an Sie stellen, eingehend auseinandersetzen und sich bewusst machen, was durch die Verwendung der einzelnen Operatoren konkret von Ihnen gefordert wird.

In der folgenden Tabelle werden die AFB skizziert und im Zusammenhang mit den einzelnen Operatoren erläutert. Ein Beispiel dient jeweils dem näheren Verständnis.

Anforderungsbereich I (Reproduktion)

(be)nennen	zielgerichtet Informationen zusammentragen, ohne diese zu kommentieren	*Nennen Sie die wesentlichen Merkmale* eines Sonetts.
beschreiben	Textaussagen oder Sachverhalte in eigenen Worten strukturiert und fachsprachlich richtig aufnehmen	*Beschreiben Sie die äußere Form* des Gedichtes.
wiedergeben	Inhalte, Zusammenhänge strukturiert, zusammenfassend in eigenen Worten fachsprachlich richtig formulieren	*Geben Sie die Hauptgedanken* der Rede *wieder*.
zusammenfassen	Inhalte, Aussagen, Zusammenhänge komprimiert und strukturiert fachsprachlich richtig wiedergeben	*Fassen Sie die* unterschiedlichen *Meinungen* zum Thema X *zusammen*.
darstellen	einen Sachverhalt, Zusammenhang, methodische Entscheidung strukturiert und fachsprachlich zutreffend formulieren	*Stellen Sie die Wirkungsabsicht dar*, die der Autor mit seinem Text verfolgt.

Anforderungsbereich II (Reorganisation und Transfer)

untersuchen, erschließen	an Texten, Textaussagen, Problemstellungen, Sachverhalten kriterienorientiert bzw. aspektgeleitet arbeiten	*Untersuchen Sie*, inwiefern *die rhetorischen Mittel* die Aussageabsicht verstärken. *Erschließen Sie* anhand der Bildsprache *die Grundstimmung des Textes.*
darstellen	einen Zusammenhang, ein Analyseergebnis, eine Problemstellung sachlich, strukturiert und fachsprachlich richtig formulieren	*Stellen Sie* Ihr Analyseergebnis *in Form eines Leserbriefes dar.*
einordnen	einen Inhalt, eine Aussage, eine Problemstellung, einen Sacherhalt in einen vorgegebenen oder selbst gewählten Kontext einbeziehen	*Ordnen Sie* dieses Naturgedicht *epochal ein.*
vergleichen	Texte, Textaussagen, Problemstellungen, Sachverhalte unter vorgegebenen oder selbst gewählten Aspekten auf der Grundlage von Kriterien gegenüberstellen, in Beziehung setzen und analysieren, um Gemeinsamkeiten, Unterschiede, Teil-Identitäten, Ähnlichkeiten, Abweichungen oder Gegensätze ermitteln zu können	*Vergleichen Sie die Figurenkonstellation* mit derjenigen im Drama X *Vergleichen Sie Art und Wirkung der Metaphorik* in beiden Gedichten.
erklären	Textaussagen, Sachverhalte auf der Basis von Kenntnissen und Einsichten differenziert darstellen	*Erklären Sie* Brechts Dramentheorie *anhand des vorliegenden Textausschnittes.*
erläutern	wie erklären, aber durch zusätzliche Informationen und Beispiele veranschaulichen	*Erläutern Sie* Schillers Theaterverständnis *durch Miteinbeziehen* seines Dramas X.
in Beziehung setzen	Analyseergebnisse, Textaussagen, Sachverhalte, Problemstellungen mit vorgegebenen oder selbst gewählten Aspekten in Verbindung bringen	*Setzen Sie Ihr Analyseergebnis in Beziehung* zur aktuellen Medienkritik im Zusammenhang mit dem Privatfernsehen.

Anforderungsbereich III (Reflexion und Problemlösung)

beurteilen	zu einem Text, einer Textaussage, der ästhetischen Qualität eines Textes, einem Sachverhalt, einer Problemlösung, einer Problematik ohne subjektiven Wertebezug mit Bezug auf Fachwissen und -erkenntnis zu einem selbstständigen, begründeten Sachurteil gelangen	*Beurteilen Sie den Versuch des Autors*, die Ereignisse und Folgen des 11. Septembers 2001 in lyrischer Form darzustellen.
bewerten	wie Operator „beurteilen", verbunden mit der Offenlegung begründeter eigener Wertmaßstäbe, die sich aus ausgewiesenen Normen und Werten ableiten	*Bewerten Sie* Jandls lyrische „Sprachspiele" *im Zusammenhang mit* Ihrem eigenen Verständnis von der Aufgabe der Lyrik in der Gegenwart.
(kritisch) Stellung nehmen	die Einschätzung einer Problemstellung, Problemlösung, eines Sachverhaltes, einer Wertung auf der Grundlage fachlicher Kenntnis und Einsicht nach kritischer Prüfung und sorgfältiger Abwägung formulieren	*Nehmen Sie zu den Aussagen* des Autors kritisch *Stellung*, indem Sie Erkenntnisse der Sprachsoziologie berücksichtigen.
begründen	ein Analyseergebnis, Urteil, eine Einschätzung, eine Wertung fachlich und sachlich absichern (durch einen entsprechenden Beleg, Beispiele, eine Argumentation)	Schreiben Sie dem Verfasser eine Antwort; *begründen Sie* anschließend die von Ihnen gewählte Darstellungsform und die von Ihnen gewählten Stilmittel.
sich auseinandersetzen mit	zu einer (fachlichen) Problemstellung oder These eine Argumentation entwickeln, die zu einem begründeten und nachvollziehbaren Ergebnis führt	*Setzen Sie sich mit der Position* des Schriftstellers vor dem Hintergrund Ihrer Kenntnisse des Vormärz *auseinander.*
prüfen, überprüfen	eine Textaussage, These, Argumentation, ein Analyseergebnis, einen Sachverhalt auf der Grundlage eigener Kenntnisse, Einsichten oder Textkenntnis auf ihre/seine Angemessenheit hin untersuchen und zu Ergebnissen kommen	*Überprüfen Sie die Stimmigkeit* der Aussage anhand der Gliederung und der rhetorischen Mittel.
entwerfen	in Verbindung mit einer Textvorlage auf der Grundlage einer konkreten Arbeitsanweisung einen eigenen Text unter Benennung der notwendigen Entscheidungen und Arbeitsschritte planen	*Entwerfen Sie einen Schluss* für diesen Text
gestalten	in Verbindung mit einer Textvorlage, auf der Grundlage einer konkreten Arbeitsanweisung einen eigenen Text nach ausgewiesenen Kriterien erarbeiten	*Gestalten Sie ein Flugblatt* textlich und grafisch, das die Intention der analysierten Rede widerspiegelt.

Übergeordnete Operatoren mit Leistungen in allen drei Anforderungsbereichen

analysieren (interpretieren)	**Literarische Texte:** Texterfassung, Textbeschreibung, Textdeutung (unter Berücksichtigung des Wechselbezuges von Textstrukturen, Funktionen und Intentionen, Erfassen zentraler strukturbildender genretypischer, syntaktischer, semantischer und stilistisch-rhetorischer Elemente und ihrer Funktionen für das Textganze), Kontextualisierung, kritische Reflexion und ggf. Wertung. **Sachtexte:** Texterfassung, Textbeschreibung, Textuntersuchung (Zusammenhang Textstruktur und Textintention, strukturbildende semantische, syntaktische Elemente unter Berücksichtigung der sprachlichen Funktion); Erfassen der pragmatischen Struktur des Textes unter besonderer Berücksichtigung der Argumentationsweise; Erkennen und ggf. Beurteilen des Zusammenspiels von Struktur, Intention und Wirkung im Rahmen des historischen und aktuellen Verstehenshorizontes	*Interpretieren Sie* das vorliegende Gedicht. *Analysieren Sie* beide Gedichte vergleichend. *Interpretieren Sie* den vorliegenden Text im Zusammenhang mit den Ihnen bekannten Dramentheorien. *Analysieren Sie* die Rede unter Berücksichtigung der Anmerkungen. *Analysieren Sie* den vorliegenden Text *im Hinblick auf die Argumentationsstruktur.*
erörtern	eine These oder Problemstellung, eine Argumentation durch Für- und- Wider- bzw. Sowohl-als-Auch-Argumente auf ihren Wert und ihre Stichhaltigkeit hin abwägend prüfen und auf dieser Grundlage eine Schlussfolgerung bzw. eigene Stellungnahme dazu entwickeln	*Erörtern Sie die Notwendigkeit* von Sprachförderkonzepten im Zusammenhang mit den Aussagen der beiden vorliegenden Texte.

Quelle (Spalten 1 und 2):
http://www.learn-line.nrw.de/angebote/abitur-gost/download/de-o-uebersicht.pdf

4 Bewertung der Abiturklausur

4.1 Bewertungskriterien

Bei der Bewertung Ihrer Prüfungsleistung werden alle Teilaufgaben einzeln mit Notenpunkten versehen; es ist deshalb unbedingt notwendig, dass Sie **alle Teilaufgaben** bearbeiten. Auf Leistungen zum AFB II entfällt hierbei der größte Punkteanteil. Aus der vorgegebenen Bepunktung setzt sich durch Addition die Gesamtpunktzahl zusammen. Insgesamt werden im Fach Deutsch genau 120 Punkte vergeben, davon ca. ein Viertel für die Darstellungsleistung.
Für die Note „gut" müssen annähernd vier Fünftel (mindestens 75 %) der Höchstpunktzahl erreicht werden. Die Note „ausreichend" soll erteilt werden, wenn annähernd die Hälfte (45 %) der vorgesehenen Höchstpunktzahl erreicht wird.
Bei der Bepunktung werden folgende Bewertungskategorien berücksichtigt:

- inhaltliche Leistung,
- methodische Leistung,
- sprachliche Leistung/Darstellungsleistung.

Die Bewertung Ihrer Prüfungsleistung unterliegt festen Kriterien und ist daran gebunden, welche unterrichtlichen Voraussetzungen als gegeben angenommen werden dürfen, welche Aufgabenart und Aufgabenstellung Ihrer Ausfertigung zugrunde liegen und in welchem Maße Ihre Ausführung dem sich daraus ergebenden Erwartungshorizont der Prüfungsaufgabe entspricht.
Besonders viel Gewicht wird in der Bewertung darauf gelegt, dass Ihre Ausfertigung

- sachlich richtig ist,
- Ihre Aussagen folgerichtig und begründet sind,
- Ihre Darstellung und Ihr Verständnis der Thematik den prinzipiellen Ansprüchen eines Leistungskurses entsprechen,
- Ihre Arbeit einen bestimmten Grad an Selbstständigkeit, z. B. in der Entwicklung von Gedankengängen, aufweist,
- über einen klaren Aufbau und eine klare Sprache verfügt,
- eine grundlegende Sicherheit im Umgang mit der Fachsprache und den entsprechenden Methoden aufzeigt und
- sprachlich richtig und in ihrer äußerlichen Form angemessen ist.

4.2 Anforderungen an die Darstellungsleistung

Neben dem inhaltlich-sachlich richtigen Ertrag kommt der sprachlichen Richtigkeit eine große Bedeutung zu. Für die sogenannte Darstellungsleistung sind im Zentralabitur Nordrhein-Westfalen im Fach Deutsch im Benotungsansatz bis zu 25 % Bewertungspunkte vorgeschen, und hierbei sind folgende Kriterien von Bedeutung:

- *Verwendung einer präzisen und differenzierten Sprache*
  „Missbrauchen" Sie Hilfsverben nicht als Vollverben; benutzen Sie Synonyme statt Wiederholungen; variieren Sie beim Satzbau, wählen Sie Nebensatzkonstruktionen statt Hauptsatzketten.

- *Verwendung von Fachbegriffen*
  Auch im Fach Deutsch hat jedes „Kind“ einen Namen: Belegen Sie also jedes Phänomen mit einem Fachbegriff, benennen Sie z. B. Stilmittel der Textanalyse ebenso wie literarische Epochen.
- *Hypothesen/Vermutungen*
  Kennzeichnen Sie ungesicherte Aussagen, Vermutungen und Hypothesen als solche, grenzen Sie diese gegen gesicherte Aussagen ab:
  Beispiel:
  „Es ist zu vermuten …“,
  „Es könnte sein, dass …“ oder
  „Für eine gesicherte Aussage fehlen folgende Informationen …“.
- *Syntaktisch richtige Schreibweise*
  Schreiben Sie in vollständigen Sätzen, achten Sie auf die richtige Wortstellung.
- *Stilistisch richtiges Schreiben*
  Unterlassen Sie umgangssprachliche Formulierungen, verwenden Sie ausschließlich Hoch- und Fachsprache, variieren Sie Satzanfänge.
- *Wissenschaftspropädeutische Richtigkeit*
  Stellen Sie Ihre Zitier- und Belegkompetenz unter Beweis.
- *Sachgerechte Strukturierung*
  Untergliedern Sie Ihre Darstellung in sinnvolle Absätze und Abschnitte, kennzeichnen Sie diese durch Einrückungen bzw. Leerzeilen.

4.3 Formale Anforderungen

Berücksichtigen Sie bei Ihrer Ausführung die Anforderungen an die äußere Form und an die korrekte Verwendung der deutschen Sprache. Denn: deutliche/gravierende Verstöße gegen diese Gebote führen zusätzlich zu der oben aufgezählten Nichtgewährung von Punkten zu weiteren Bewertungsverlusten gem. § 13, Abs. 2 APO-GOSt, konkret: von ein bis zwei Notenpunkten. Wenn Sie bedenken, wie viel Mühe Sie sich bezüglich des Inhaltes und der Methode geben – ein nachträgliches Abwerten von Note 2 auf 3 oder von Note 3 auf 4 oder von … wäre doch mehr als ärgerlich.

- *Zahlen*: Schreiben Sie von null bis zwölf die Zahlen aus.
- *Deckblatt-Vorgabe*: Berücksichtigen Sie die an Ihrer Schule getroffene Regelung.
- *Layout-Vorgabe*: Beachten Sie diese – an manchen Schulen darf z. B. nur eine halbe Seite je Bogen beschrieben werden, der Rest dient dann als halbseitiger Rand.
- *Seitenzahlen*: Fügen Sie ab Seite 2 diese am Fuß jeder Seite bei – nummerieren Sie erst am Schluss, wenn keine Einschübe mehr erfolgen!
- *Nachträge:* Setzen Sie diese als Fußnoten durchnummeriert an den Schluss jeder Teilaufgabe oder einheitlich ganz an den Schluss, quetschen Sie solche Zusätze nicht nachträglich in den Text oder an den Rand.
- *Zeilenende*: Respektieren Sie den Rand, trennen Sie Wörter, schreiben Sie nicht über den Rand hinaus.

- *Kopf- und Fußzeile*: Diese gehören zum Seitenaufbau und sind kein geeigneter Platz für Zusätze oder Nachträge.
- *Sauberkeit*: Streichen Sie nicht unsauber durch. Gegebenenfalls setzen Sie zu Streichendes in eckige Klammern oder fügen eine entsprechende Fußnote zur Erklärung bei.
- *Rechtschreibung:* In NRW gilt seit dem 1. August 2006 die reformierte Rechtschreibung. Im Klausurraum liegen Rechtschreibwörterbücher aus: Sie sollten sich nicht zu schade sein nachzusehen, wenn Sie unsicher sind.

4.4 Kriterien für die Bewertung der Schülerleistungen (exemplarisch dargestellt an Aufgabe 9, S. 116)

Inhaltliche Leistung

Teilaufgabe 1

	Anforderungen **Der Prüfling**	**maximal erreichbare Punktzahl (AFB)**
1	Formuliert eine themenbezogene Einleitung, z. B. durch Hinweis auf die Parallele einer jeweils genauen Beschreibung von Orten am Romananfang.	3 (I)
2	Erläutert die Voranstellung eines „Vorwortes" in ihrer Konsequenz für die Doppelung der Erzählinstanz in Person eines zweiten Ich-Erzählers als Herausgeber sowie für die Verstärkung des fiktionalen Eindrucks (Z. 1–6).	6 (II)
3	Stellt die emotionale Wirkung der direkten Ansprache des Lesers durch den Ich-Erzähler heraus (Z. 1 ff.).	3 (II)
4	Zeigt den hyperbolisch überzeichneten Naturraum auf, den der Ich-Erzähler als Ort der Lektüre ausgewählt hat, sowie dessen emotionale Wirkung auf den Leser (Z. 2 ff.).	3 (II)
5	Kennzeichnet den Wechsel von der Hypothese eines möglichen Leseerlebnisses hin zu einem tatsächlichen anhand des Modus-Wechsels (Z. 6).	3 (II)
6	Verdeutlicht die zunehmende Miteinbeziehung des Lesers in das Geschehen durch differenzierte Darstellung von dessen Wahrnehmungshorizont in räumlicher (Z. 7 f.) und akustischer (Z. 11 ff.) Hinsicht.	3 (II)
7	Weist auf die Verstärkung der bis dato aufgebauten Vermischung von Fiktion und Wirklichkeit durch die rhetorische Frage hin sowie durch die zeitliche Verlagerung des Dargestellten in die Vergangenheit (Z. 15 f.).	6 (II)
8	Deutet die Intention des Erzählers, allmählich die Gefühlsgewalt über den Leser gewinnen zu wollen, und führt in diesem Kontext u. a. direkte Ansprache, mehrfache Inversionen und Klimax an (Z. 16–18).	6 (III)

9	Erläutert die Strategie des Autors, durch Suggestion eines realen Ortes (Z. 23) Fiktion und Wirklichkeit noch stärker vermischen zu wollen.	3 (II)
10	Ordnet abschließend den Roman E.T.A. Hoffmanns aufgrund der äußeren Publikationsdaten und der aufgezeigten Merkmale als aus der Zeit der Romantik stammend ein, u. a. durch Hinweise auf typische romantische Motive oder die Anspielung auf die gotische Architektur.	6 (III)
11	Erfüllt ein weiters aufgabenbezogenes Kriterium (max. 5 P.)	
	Summe erste Teilaufgabe	**42**

Teilaufgabe 2

	Anforderungen **Der Prüfling**	**maximal erreichbare Punktzahl (AFB)**
1	Formuliert eine Überleitung und kennzeichnet zu Beginn seiner analytischen Ausführungen den zweiten Textauszug als in der inhaltlichen Struktur ähnlich, hinsichtlich seiner Wirkung auf den Leser jedoch als grundsätzlich verschieden.	3 (II)
2	nennt in diesem Zusammenhang den Unterschied, dass die bei Fontane zu Beginn dargestellte Örtlichkeit Teil des Romangeschehens ist (Z. 1 ff.).	3 (I)
3	Nennt im Zusammenhang mit Fontanes intendierten Absicht, realistisch zu schreiben, ggf. unter Rückbezug auf seine Ausführungen zu Teilaufgabe 1 die Funktion des Präteritums und die Bedeutung der Detailtreue, u. a. im Zusammenhang mit der exakten topografischen Lagebezeichnung (Z. 2 ff.).	6 (I)
4	Verdeutlicht die Darstellungstechnik am Beispiel der Hausbeschreibung, z. B. durch einen Vergleich mit der Zoomtechnik bei der Kameraführung (Z. 4 ff.).	6 (II)
5	Kennzeichnet den Erzähler bei Fontane als überwiegend auktorial, der bereits am Romananfang wissend die Lage des Hauses mit dem konkreten gesellschaftlichen und sozialen Geschehen verknüpft (Z. 3 ff.).	6 (II)
6	Deutet die subjektiven Wertungen Fontanes, z. B. im Zusammenhang mit seinen Ausführungen zur Mentalität und sozialen Situation der Bewohner (Z. 5 f.), als gewollt und mit dem Ziel einer symbolischen Verstärkung.	3 (III)
7	Stellt vergleichend die grundsätzlichen Unterschiede der Darstellung von romantischem Landschaftsraum bei Hoffmann und der realitätsgetreuen Gärtnerei am Rande einer Großstadt bei Fontane dar.	3 (II)

8	Verdeutlicht den Symbolcharakter des Dargestellten durch weitere Analysehinweise, z. B. auf die dauerhaft offen stehende Haustür (Z. 15) als Vorausdeutung auf die kommunikative Offenheit der Hausbewohner.	6 (III)
9	Bewertet unter Rückbezug auf seine Analyseergebnisse und mit Hinweis auf die äußeren Publikationsdaten Fontanes Roman als dem Realismus zugehörig, sowohl im Hinblick auf die Bauform als auch bezüglich der Erzählweise.	6 (III)
10	Formuliert abschließend begründet die unterschiedliche Epochenzugehörigkeit beider Romane.	3 (III)
11	Erfüllt ein weiters aufgabenbezogenes Kriterium (max. 7 P.)	
	Summe zweite Teilaufgabe	**45**
	Summe inhaltliche Leistung (Teilaufgaben 1 und 2)	**87**

Darstellungsleistung

	Anforderungen **Der Prüfling**	**maximal erreichbare Punktzahl**
1	Strukturiert seinen Text schlüssig und gedanklich klar.	6
2	Bezieht beschreibende, erläuternde und wertende Aussagen begründet aufeinander.	6
3	Greift Analyseergebnisse und Unterrichtskenntnisse in der Argumentation stringent auf.	3
4	Drückt sich allgemeinsprachlich präzise, stilistisch sicher und begrifflich differenziert aus.	6
5	Formuliert unter Beachtung der fachsprachlichen Anforderungen.	3
6	Formuliert syntaktisch sicher, variabel und komplex, dabei gleichzeitig klar verständlich.	3
7	Schreibt sprachlich richtig.	3
8	Belegt die Aussagen durch angemessenes und korrektes Zitieren.	3
	Summe der Darstellungsleistung	**33**
	Gesamtsumme Teile (a) und (b)	**120**

Hinweis:
Bei deutlichen Verstößen gegen die sprachliche Richtigkeit kann die Note abschließend um ein bis zwei **Notenpunkte** gemäß § 13,2 APO-GOSt abgesenkt werden.

5 Allgemeine Tipps für die Anfertigung der Abiturklausur

5.1 Auswahl der Aufgabe

Am Tag der schriftlichen Prüfung können Sie eine aus vier zur Wahl gestellten Aufgaben auswählen; hierfür haben Sie 30 Minuten Zeit. Deshalb sollten Sie in der Lage sein, nach einem relativ kurzen Blick auf Arbeitsanweisungen und Texte diese Entscheidung zu treffen.
Anhand der Überschrift wird bereits klar, um welchen Aufgabentyp und um welchen Themenschwerpunkt es sich handelt. Auch wenn Sie jetzt schon zu einer Aufgabe tendieren: Entscheiden Sie sich nicht vorschnell, überprüfen Sie in jedem Fall, ob Ihnen der jeweilige Text „liegt". Entscheiden Sie erst danach. Hierbei kann unter Umständen auch die Tatsache behilflich sein, ob ein solches Thema bezogen auf ein anderes Textbeispiel bereits einmal Gegenstand einer Klausur war oder Sie sich sonst im Rahmen Ihrer Vorbereitung damit beschäftigt haben.

5.2 Zeiteinteilung

Beginnen Sie nicht zu früh mit der Reinschrift – zunächst müssen Sie sich Klarheit darüber verschaffen, welche Anforderungen die Aufgabe umfasst und welche Teilaufgaben erfüllt werden müssen. Zunächst sollten Sie eine **Grobgliederung** anfertigen, um Ihre Gedanken zu dem Thema zu strukturieren und in eine sinnvolle Reihenfolge zu bringen. In Abhängigkeit von der Aufgabenstellung sollten Sie bereits zu diesem Zeitpunkt Ihre Arbeitshypothese formulieren, sich die methodische Vorgehensweise überlegen und eine vorläufige Beurteilung im Stillen vornehmen.
Für einen **letzten Korrekturgang** sollten Sie am Ende ca. 15 Minuten einplanen. Da gilt es formale Fehler (Rechtschreibung, Zeichensetzung, Layout-Anforderungen wie Deckblattgestaltung, Seitenzahlen-Hinweise u. a.) zu überprüfen. Hierbei ist auch Gelegenheit, ggf. Lesehilfen in Form von „Spitzmarken" und Zwischentiteln, soweit nicht schon beim Schreiben geschehen, nachträglich als Gliederungshilfen einzufügen.

Im Vorfeld der Prüfungen können Sie Ihre Zeiteinteilung kontrollieren und verbessern, indem Sie bei Klassenarbeiten oder beim Üben zu Hause die **Zeit**, die Sie **für die Ausfertigung** benötigen, festhalten und sich ein Zeitraster für den gesamten Arbeitsprozess erstellen (Maximalzeiten für das Lesen des Textes, für das Markieren im Text und am Rand, für die Gliederung der geplanten Ausführungen auf Konzeptpapier, für die eigentliche Niederschrift und zuletzt für die Überarbeitung am Schluss).

5.3 Notizen beim Erarbeiten der Textinformationen

Markieren Sie die Operatoren in der Aufgabenstellung, rufen Sie sich ins Gedächtnis, welche Aufgabenstellung hiermit verbunden ist und halten Sie sich unbedingt daran! So vermeiden Sie Themaverfehlungen.

Kennzeichnen Sie die Textstellen, die Sie z. B. zur Darlegung der Argumentationsstruktur verwenden oder die Sie als Zitat in Ihre Ausfertigung einfügen wollen. Anmerkungen und Notizen am Rand des Textes können Ihnen helfen, eine Gliederung zu erarbeiten und Ihr methodisches Vorgehen zu strukturieren.

5.4 Strukturierung

Die Aufgabenstellung gibt Ihnen durch die exakten Arbeitsanweisungen und die Formulierung in den Teilaufgaben bereits eine erste Strukturierung vor, an die Sie sich bei Ihrer Ausfertigung halten sollten. Dennoch wird von Ihnen verlangt, eine darüber hinausgehende Gliederung Ihrer Arbeit vorzunehmen, die logisch stringent und klar verständlich sein soll.
Fügen Sie Absätze ein, wenn Sie einen Gedankengang von einem anderen abheben und betonen wollen oder wenn Sie sich einem neuen Gliederungspunkt zuwenden. So machen Sie deutlich, dass Ihrer Ausfertigung eine klare gedankliche Ordnung zugrunde liegt. Überlegen Sie sich passende Überleitungen zwischen den Teilaufgaben und machen Sie sich frühzeitig Gedanken darüber, wie Sie den Schlussteil sinnvoll gestalten wollen. Damit erleichtern Sie nicht nur die Korrekturarbeit des Lehrers, sondern zeigen überdies, dass Sie in der Lage sind, strukturiert und folgerichtig zu arbeiten.

5.5 Der Schluss

Der Schlussteil soll Ihre Ausfertigung vervollständigen, das Thema, das der Aufgabenstellung zugrunde liegt, nochmals aufgreifen und unter Bezugnahme auf die einzelnen Teilaufgaben zu einem stimmigen Abschluss führen. Lassen Sie, um im Bild eines Hausbaus und Maurers zu sprechen, mit dem letzten Satz zur letzten Teilaufgabe nicht die Kelle fallen: Zwar ist das gedankliche Gebäude vom Grundsatz her fertig und die Argumentation „dicht" – aber zu einer Ausführung gehört nun einmal ein Abschluss wie zu einem Haus der äußere Verputz. Jede der Teilaufgaben hatte einen eigenen Arbeitsschwerpunkt – und alle hatten etwas mit dem Thema in der Aufgabenstellung zu tun. Dieses Thema ist quasi das Dach, das alle Gebäudeteile überdeckt.
Deshalb: Formulieren Sie Ihren Schlussteil unter Rückbezug auf die Themenstellung, und fassen Sie die wesentlichen Teilergebnisse stichwortartig zu einem Fazit zusammen, ohne hierbei bereits Gesagtes mit derselben Formulierung zu wiederholen („wie gesagt" gehört übrigens grundsätzlich nicht in eine Ausführung, da Sie ansonsten eine überflüssige Wiederholung auch noch selber ankündigen würden!).

5.6 Materialien und Hilfsmittel

Für die schriftliche Abiturprüfung im Fach Deutsch sind ein deutsches Wörterbuch sowie unkommentierte Textausgaben der obligatorischen Texte (Fontane *Irrungen, Wirrungen*, Schlink *Der Vorleser* sowie Lessing *Emilia Galotti*) im Klausurraum vorhanden.

5.7 Wiederholung und Übung

Wie können Sie am effektivsten wiederholen und üben, wie Ihre Vorbereitung auf die schriftliche Abiturprüfung Deutsch möglichst optimal gestalten?

- sich vergegenwärtigen, wozu die einzelnen **Operatoren** aufrufen
- durch **schriftliches Üben** Sicherheit in der Bearbeitung der drei Aufgabenarten gewinnen
- die **behandelten Ganzschriften** (Lessings Drama, den Roman Fontanes und den Roman Schlinks) noch einmal gründlich lesen
- Ihre **allgemeinen Kenntnisse** zu Lessing, Fontane und Schlink anhand Ihrer Unterrichtsmitschriften auffrischen
- sich die **Methode der Analyse** eines Dramen- und eines Romanauszugs sowie eines Gedichtes vergegenwärtigen
- **Epochenmerkmale wiederholen**, vor allem durch die Lektüre der Texte, die Ihnen im Unterricht begegnet sind, und Ihrer Hefteinträge zu diesen Themen Schwerpunkte:
  - Barock (ausgehend von Lyrik vor 1700)
  - Aufklärung (ausgehend von Lessings Drama *Emilia Galotti*)
  - Realismus (ausgehend von Fontanes Roman *Irrungen, Wirrungen*)
  - Gegenwart (ausgehend von Schlinks Roman *Der Vorleser*)
- **Dramen- und Romantheorie** wiederholen, soweit im Unterricht behandelt (z. B. Dramentheorie von Aristoteles, Schiller, Lessing)
- die im Unterricht vermittelten Kenntnisse zu den folgenden Bereichen wiederholen:
  - Verhältnis von Sprechen, Denken und Wirklichkeit: Sprache und Wirklichkeit, Sprache und Fiktion
  - durch Informations- und Kommunikationstechnologien bewirkte Veränderungen im Denken, Wahrnehmen und Kommunizieren: Massenmedien und Bewusstseinsindustrie
- Ihre **Darstellungsleistung** optimieren, da diese einen hohen Anteil an der Benotung hat – deshalb Übungen zu folgenden Teilaspekten durchführen:
  - einen Argumentationsgang schlüssig und gedanklich klar aufbauen
  - beschreibende, deutende und wertende Aussagen begründet aufeinander beziehen
  - klar und stilistisch angemessen formulieren: keine Umgangssprache verwenden, Wiederholungen vermeiden, Formulierungen variieren, nach treffenden Begriffen suchen
  - Fachsprache an den richtigen Stellen anwenden
  - Aussagen durch angemessenes und korrektes Zitieren belegen
  - die Regeln der Rechtschreibung, Zeichensetzung und Grammatik üben
- **Sachtexte**
  - im Hinblick auf ihre Argumentationsstruktur analysieren und die dabei vertretenen Positionen erörtern (Aufgabentyp III)
  - im Hinblick auf ihre Argumentationsstruktur und die sprachlich-rhetorische Gestaltung analysieren (Aufgabentyp I)

Eine mündliche Abiturprüfung gibt es in jedem Fall im vierten Abiturfach. Daneben sind weitere mündliche Prüfungen im ersten bis dritten Abiturfach möglich, wenn die in den Abiturklausuren erzielten Noten um 4 oder mehr Punkte von der Vornote (Durchschnittsnote 12 I bis 13 II) abweichen oder ein Prüfling sich für eine freiwillige mündliche Prüfung meldet, z. B. um seinen Abiturdurchschnitt zu verbessern. Für mündliche Prüfungen im ersten bis dritten Fach gilt, dass sie nicht dem Stoffgebiet der Abiturklausur entsprechen dürfen.
Die mündliche Prüfung enthält in der Regel zwei gleichwertige Elemente, durch die einerseits die Fähigkeit zum **Vortrag**, andererseits die Fähigkeit zur Beteiligung am **Prüfungsgespräch** überprüft wird. Es gelten ansonsten grundsätzlich dieselben Kriterien für die Bewertung wie bei den schriftlichen Anforderungen, wobei der sprachlichen Darstellung aufgrund der Kommunikationssituation eine besondere Bedeutung zukommt.

Zunächst erhalten Sie eine Aufgabenstellung, die aus einer oder mehreren Teilaufgaben bestehen kann. Für die Bearbeitung dieser Aufgabe stehen Ihnen im Vorbereitungsraum 30 Minuten zur Verfügung. Innerhalb dieser Zeit sollen Sie einen 10- bis 15-minütigen Vortrag vorbereiten, der in sich geschlossen und logisch untergliedert ist. Während des Vortrages können Sie sich auf die Texte sowie auf Ihre stichwortartigen Aufzeichnungen stützen.
Die Kürze der Vorbereitungszeit schließt aus, dass Sie Ihren Vortrag schriftlich ausformulieren; vielmehr ist es notwendig, ähnlich wie bei der Sichtungsphase in der Klausur durch sinnvolles Markieren und knappe Anmerkungen den Vortrag vorzubereiten.

Der zweite Prüfungsteil besteht aus einem Prüfungsgespräch, in dem Ihr Hintergrundwissen und Ihre Fähigkeit, größere fachliche und sachliche Zusammenhänge zu erschließen, überprüft werden.

6.1 Prüfungsteil I: eigenständiger Vortrag

Die größten Schwierigkeiten bei der mündlichen Abiturprüfung liegen erfahrungsgemäß im ersten Teil: Hier wird ein mindestens 10-minütiger zusammenhängender, gegliederter Vortrag gefordert. Da es für solch lange Vorträge kaum echte Übungsmöglichkeiten im Unterricht gibt, zumindest nicht für jeden Einzelnen, fehlt es weitgehend an konkreten Vorerfahrungen. Daher einige Tipps, mit denen Sie sich auf diese Prüfungssituation vorbereiten und Ihren Vortrag ansprechend gestalten können.

Tipps für die 30-minütige Vorbereitung
- Beginnen Sie sofort konzentriert mit der Bearbeitung.
- Themenstellung: Was ist die Zielrichtung der geforderten Bearbeitung?
- Operatoren: Welche konkreten Anforderungen werden gestellt? Bei Mehrteiligkeit: Welche Gliederungshilfe bieten die Teilaufgaben?

- Einstieg: Was führt schnell und zielführend zum Kern der Aufgabenstellung?
- Texte: Fachbegriffe an den Rand schreiben, Quellen-Anmerkungen ergänzen, Stichworte für den Vortrag festlegen; wichtige Zitatstellen markieren.
- Gliederung: Nummerieren Sie Ihre Markierungen, damit Sie anhand dieser Reihenfolge Ihren Vortrag gestalten können.
- Thema/Fazit: Themenformulierungen beinhalten häufig regelrechte Fragestellungen; bei anderen deutet die letzte Aufgabenstellung auf eine Lösung/Bewertung/Beantwortung hin. Gestalten Sie deshalb den Schluss Ihrer Ausführung mit einem klaren Fazit, in dem Sie eine klar formulierte Antwort geben.

Tipps für den Vortrag

- Zeitmanagement: Legen Sie eine Armbanduhr neben Ihr Konzept, schreiben Sie, bevor Sie zu sprechen anfangen, den konkreten Zeitraum für Ihren Vortrag auf Ihr Konzept – so haben Sie klare zeitliche Anhaltspunkte.
- Leitfaden Ihres Vortrages: Nutzen Sie Ihre Anmerkungen, die Sie während der Vorbereitungszeit angefertigt haben.
- Sprechen Sie möglichst frei, klammern Sie sich nicht an Ihr Konzept.
- Sprechen Sie klar, deutlich und hinreichend laut.
- Achten Sie auf ein angemessenes Sprechtempo. Versuchen Sie, nicht zu schnell zu sprechen.
- Grobstruktur: Nennung der Aufgabenstellung – Einleitung – Bearbeitung der Teilaufgaben – Schlussteil.
- Vermeiden Sie sowohl „Endlossätze“ als auch Aneinanderreihungen und monotone Satzanfänge („Und … und … und …“).
- Verwenden Sie die Fachsprache, die Sie gelernt haben, um zu verdeutlichen, dass Sie Ihr Metier beherrschen.
- Zitate/Textbelege: Verdeutlichen Sie während des Vortrages, woher Sie Ihre Aussagen beziehen, indem Sie Kernstellen mit Zeilenhinweis anführen.
- Ein gelegentlicher Blickkontakt zu Ihrem Prüfer oder den übrigen Beisitzern zeugt von einem souveränen Umgang mit der Situation und den Kommunikationsregeln.
- Bewegen Sie sich bei Ihrem Vortrag auf einer einheitlichen Sprachebene und vergegenwärtigen Sie sich, dass die Adressaten Ihres Vortrags allesamt Deutschlehrerinnen und Deutschlehrer, also Fachleute sind.

Sie können diesen ersten Teil der mündlichen Prüfung üben und simulieren, indem Sie eine Teilaufgabe der Arbeitsaufträge in diesem Band nehmen, die Vorbereitungszeit exakt einhalten und zwei Kursmitglieder als fiktive Prüfungskommission hinzuziehen. Lassen Sie sich anschließend von Ihrer „Prüfungskommission“ begründet darlegen, ob Ihr Vortrag sprachlich und inhaltlich „verstanden“ wurde.
Ebenso können Sie natürlich in der Familie oder im Freundeskreis das Referieren üben oder zu diesem Zweck Ihren Vortrag selbst aufnehmen und überprüfen.

6.2 Prüfungsteil II: das Prüfungsgespräch

Die zeitliche Dauer des zweiten Prüfungsteils entspricht derjenigen des ersten Teils: 10 bis 15 Minuten je nach Verlauf. Auch das Thema des Prüfungsgesprächs muss in Bezug auf das Thema des Vortrags einem anderen Kurshalbjahr entnommen sein. Meistens erfolgt durch den Prüfer eine Überleitung von Ihrem Vortrag zu diesem zweiten Teil – hier können Sie unmittelbare Bezüge zum Ausgangsthema herstellen. Im weiteren Verlauf sollen Sie Ihre Kommunikationskompetenzen im Rahmen eines Fachgespräches unter Beweis stellen: Zeigen Sie sich also als gewandter Gesprächspartner, der adressatengerecht und sachkundig die Fragen und Impulse aufgreift und möglichst selbstständig und tiefgründig damit umgeht.

Tipps für das Prüfungsgespräch

- *Sprechanteil:* Je eigenständiger und umfassender Sie als Prüfling mit den Fragen und Impulsen umgehen, desto besser! Begnügen Sie sich nicht mit Kurzantworten, führen Sie länger aus.
- *Erfassen der Frageintention*: Achten Sie auf die Operatoren und auf fachliche Kernbegriffe! Führen Sie sinnvolle Beispiele oder Vergleiche aus dem Unterricht an, zeigen Sie Ihr Hintergrund- und Allgemeinwissen. Aber schweifen Sie nicht ab, bleiben Sie beim Thema.
- *Gesprächsaufbau durch den Prüfer*: In der Regel gestaltet der Prüfer ein solches Gespräch nach dem Prinzip „Vom Einfachen zum Schwierigen, vom Einzelfallbeispiel zum Allgemeinen/Modellhaften".
  Wenn Sie einen Bezug zu einer Ihnen passend erscheinenden Theorie oder zu einem aus dem Unterricht bekannten Beispiel selber herstellen können: tun Sie dies!
- *Unterrichtsbezüge:* Hintergrund aller Fragen und Impulse ist das gemeinsam aus dem Unterricht Bekannte. Stellen Sie also dort wo möglich über das gerade angesprochene Einzelbeispiel Vergleiche zu dem im Unterricht Behandelten an, weisen Sie auf Gemeinsamkeiten oder auch auf Unterschiede hin. Machen Sie somit deutlich, dass Sie den Gesprächsgegenstand aus dem Prüfungsgespräch in größere Zusammenhänge einordnen können.
- *Verständnisproblem*: Sollten Sie mit einer einzelnen Frage einmal nichts anfangen können: verlieren Sie keine Zeit, bitten Sie an einer solchen Stelle um eine kurze ergänzende Erläuterung.
- *Unterbrechungen:* Lassen Sie sich nicht irritieren. Der Prüfer möchte Ihnen entweder zurück auf den Haupt(frage)weg helfen oder den Themenschwerpunkt wechseln, was vielleicht nur daran liegt, dass die Prüfungszeit allmählich knapp wird: Werten Sie solche Unterbrechungen in jedem Fall als für Sie günstig und hilfreich.
- *Mimik und Gestik*: Lassen Sie sich nicht durch Äußerlichkeiten irritieren: Jeder ist bemüht, einen möglichst neutralen Eindruck zu machen.

Training/Vorbereitungen
Vereinbaren Sie mit Ihrem Kurslehrer/Ihrer Kurslehrerin mindestens einmal im Verlauf der Jahrgangsstufen 12 und 13 die Simulation eines solchen Prüfungsgespräches unter Abiturbedingungen. Ggf. können Sie weitere Trainings mit anderen Mitgliedern Ihres Kurses wechselseitig durchführen, indem Sie die jeweiligen Kurshalbjahresthemen und die Vorgaben zu den unterrichtlichen Voraussetzungen (Schwerpunkten) berücksichtigen.

Viel Erfolg!

Leistungskurs Deutsch (Nordrhein-Westfalen) – Übungsaufgabe 1: I A: Analyse eines Sachtextes mit weiterführendem Schreibauftrag

Arbeitsgrundlagen:
1. Georg Büchner, *Brief an die Familie*
2. Hinweise zu „*Dantons Tod*" und zu seiner Veröffentlichung

Aufgaben:
1. Analysieren Sie vorliegenden Brief Georg Büchners.
2. Nehmen Sie begründet Stellung, ob die Kritik Büchners an den Idealdichtern auch auf Lessings bürgerliches Trauerspiel „Emila Galotti" übertragbar ist.

Erlaubte Hilfsmittel: ein Wörterbuch der deutschen Rechtschreibung und eine unkommentierte Textausgabe von *Emilia Galotti*

Georg Büchner (1813–1837)
„Brief an die Familie"

Straßburg, 28. Juli 1835.

[…] Über mein Drama muß ich einige Worte sagen: erst muß ich bemerken, daß die Erlaubnis, einige Änderungen machen zu dürfen, allzusehr benutzt worden ist. Fast auf jeder Seite weggelassen, zugesetzt, und fast immer auf die dem Ganzen nachteiligste Weise. Manchmal ist der Sinn ganz entstellt oder ganz und gar weg, und fast platter Unsinn steht an der Stelle. Außerdem wimmelt das Buch von den abscheulichsten Druckfehlern. Man hat mir keinen *Korrekturbogen* zugeschickt. Der Titel ist abgeschmackt, und mein Name steht darauf, was ich ausdrücklich verboten hatte; er steht außerdem nicht auf dem Titel meines Manuskripts. Außerdem hat mir der Korrektor einige Gemeinheiten in den Mund gelegt, die ich in meinem Leben nicht gesagt haben würde. Gutzkows glänzende Kritiken habe ich gelesen und zu meiner Freude dabei bemerkt, daß ich keine Anlagen zur Eitelkeit habe. Was übrigens die sogenannte Unsittlichkeit meines Buchs angeht, so habe ich Folgendes zu antworten: der dramatische Dichter ist in meinen Augen nichts, als ein Geschichtsschreiber, steht aber *über* Letzterem dadurch, daß er uns die Geschichte zum zweiten Mal erschafft und uns gleich unmittelbar, statt eine trockene Erzählung zu geben, in das Leben einer Zeit hinein versetzt, uns statt Charakteristiken Charaktere, und statt Beschreibungen Gestalten gibt. Seine höchste Aufgabe ist, der Geschichte, wie sie sich wirklich begeben, so nahe als möglich zu kommen. Sein Buch darf weder *sittlicher* noch *unsittlicher* sein, als die *Geschichte selbst;* aber die Geschichte ist vom lieben Herrgott nicht zu einer Lektüre für junge Frauenzimmer geschaffen worden, und da ist es mir auch nicht übel zu nehmen, wenn mein Drama ebensowenig dazu geeignet ist. Ich kann doch aus einem Danton und den Banditen der Revolution nicht

Tugendhelden machen! Wenn ich ihre Liederlichkeit schildern wollte, so mußte ich sie eben liederlich sein, wenn ich ihre Gottlosigkeit zeigen wollte, so mußte ich sie eben wie Atheisten sprechen lassen. Wenn einige unanständige Ausdrücke vorkommen, so denke man an die weltbekannte, obszöne Sprache der damaligen Zeit, wovon das, was ich meine Leute sagen lasse, nur ein schwacher Abriß ist. Man könnte mir nun doch vorwerfen, daß ich einen solchen Stoff gewählt hätte. Aber der Einwurf ist längst widerlegt. Wollte man ihn gelten lassen, so müßten die größten Meisterwerke der Poesie verworfen werden. Der Dichter ist kein Lehrer der Moral, er erfindet und schafft Gestalten, er macht vergangene Zeiten wieder aufleben, und die Leute mögen dann daraus lernen, so gut, wie aus dem Studium der Geschichte und der Beobachtung dessen, was im menschlichen Leben um sie herum vorgeht. Wenn man *so* wollte, dürfte man keine Geschichte studieren, weil sehr viele unmoralische Dinge darin erzählt werden, müßte mit verbundenen Augen über die Gasse gehen, weil man sonst Unanständigkeiten sehen könnte, und müßte über einen Gott Zeter schreien, der eine Welt erschaffen, worauf so viele Liederlichkeiten vorfallen. Wenn man mir übrigens noch sagen wollte, der Dichter müsse die Welt nicht zeigen wie sie ist, sondern wie sein solle, so antworte ich, daß ich es nicht besser machen will, als der liebe Gott, der die Welt gewiß gemacht hat, wie sie sein soll. Was noch die sogenannten Idealdichter anbetrifft, so finde ich, daß sie fast nichts als Marionetten mit himmelblauen Nasen und affektiertem Pathos, aber nicht Menschen von Fleisch und Blut gegeben haben, deren Leid und Freude mich mitempfinden macht, und deren Tun und Handeln mir Abscheu oder Bewunderung einflößt. Mit einem Wort, ich halte viel auf Goethe oder Shakspeare, aber sehr wenig auf Schiller. Daß übrigens noch die ungünstigsten Kritiken erscheinen werden, versteht sich von selbst; denn die Regierungen müssen doch ihre bezahlten Schreiber beweisen lassen, daß ihre Gegner Dummköpfe oder unsittliche Menschen sind. Ich halte übrigens mein Werk keineswegs für vollkommen, und werde jede wahrhaft ästhetische Kritik mit Dank annehmen. –

[...]

Aus: Georg Büchner: Werke und Briefe. Münchner Ausgabe. Herausgegeben von Karl Pörnbacher, Gerhard Schaub, Hans-Joachim Sinn und Edda Ziegler. München: Carl Hanser Verlag 1988. Taschenbuchausgabe: München: Deutscher Taschenbuch Verlag 1988, S. 305f.

Hinweise zu „*Dantons Tod*" und seiner Veröffentlichung

Georg Büchner schrieb „Dantons Tod", ein Drama in vier Akten, 1835 innerhalb von zwei Monaten. Es erschien im gleichen Jahr mit dem Untertitel „Dramatische Bilder aus Frankreichs Schreckensherrschaft". In diesem geschichtlichen Drama werden drei Gruppen der französischen Revolution vorgestellt, die alle mit dem Verlauf der Revolution unzufrieden sind: Die beiden Revolutionsführer Danton und Robespierre sowie das Volk, dessen Gunst sich während eines Schauprozesses aufgrund des Lebensstils der Dantonisten zunehmend von Danton ab- und Robespierre zuwendet. Danton und seine Anhänger werden daraufhin zum Tode verurteilt. Ihre Hinrichtung auf dem Schafott wird von der Schaulust und dem Spott des Volkes begleitet.

Büchner verwendet in diesem Drama dokumentarisches Material. Erstmalig in der Geschichte des Dramas tritt hier das Volk als dramatische Figur unter Verwendung der entsprechenden z. T. sehr derben Sprache auf.
Eduard Diller, der als Redakteur für den Verleger Sauerländer arbeitete, überarbeitete auf dessen Geheiß „Dantons Tod“ und nahm z. B. Verharmlosungen im Bereich des Sprachgebrauchs vor, um der Zensur zuvorzukommen. In dieser Version erschien das Drama 1835 unter dem Titel: „Dramatische Bilder aus Frankreichs Schreckensherrschaft“. Bei dem im Text erwähnten Gutzkow (Z. 11) handelt es sich um einen Förderer Büchners, der in der Zeitschrift *Phoenix* vor Erscheinen des Dramas eine Kritik über „Dantons Tod“ verfasst hatte.

Hinweise und Tipps

Voraussetzungen
Die vorliegende Aufgabe setzt voraus, dass Sie sich eingehend mit Dramen (z. B. Lessings „Emilia Galotti“) und dramentheoretischen Texten, die sich mit der Aufgabe des Dichters befassen, beschäftigt haben. In diesem Zusammenhang sind vor allem die Ausführungen von Lessing und Schiller zu dieser Thematik von Bedeutung. Auch Georg Büchner und die Epoche des Vormärz, der Büchner zugeordnet wird, sollten Ihnen nicht vollkommen unbekannt sein. Dichter des Vormärz könnten Ihnen beispielsweise in Gestalt einer Lyrikreihe begegnet sein, wohingegen Sie Büchner aller Voraussicht nach durch seinen „Woyzeck“ oder ein anderes seiner Dramen kennengelernt haben.

Rufen Sie sich bei der Analyse dieses Briefes in Erinnerung, welche Fragestellungen und Aspekte im Rahmen der ***Analyse eines Sachtextes*** *besonders zu beachten sind.*
In Ihrer ***Einleitung*** *sollten Sie kurz auf die folgenden Aspekte eingehen und hierzu die dem Text beigefügten Zusatzinformationen zu dem Drama „Dantons Tod“ einfließen lassen:*
- *Verfasser: Georg Büchner*
- *Entstehungszeit: Vormärz, Brief vom 28. 7. 1835*
- *Anlass: Vorwürfe der Familie anlässlich der Veröffentlichung von „Dantons Tod“.*
- *Thema/Inhalt: Rechtfertigung und Darstellung der dramentheoretischen Position. Zurückweisung der Kritik an ihm und seinem Drama „Dantons Tod“ sowie Definition seines Dichterverständnisses in Abgrenzung zu Schiller als „Idealdichter“.*
- *Intention und Adressaten: Besänftigung der Familie, Abgrenzung von tradierten Theorien des Dramas.*

Der Schwerpunkt des ***Hauptteils*** *Ihrer Analyse sollte darin liegen, aufzuzeigen, wie Büchner in seinem Brief vorgeht, um sein Drama überzeugend zu verteidigen und die ihm entgegengebrachten Vorwürfe zu entkräften. Außerdem sollten Sie klar herausarbeiten, wie Büchner sein Verständnis von der Aufgabe des Dichters von dem der von ihm so bezeichneten „Idealdichter“ abgrenzt.*

In diesem Zusammenhang sollten Sie zunächst kurz skizzieren, wie Büchner seinen Brief aufbaut und einzelne Sinnabschnitte kennzeichnen, deren Inhalt und Funktion Sie Ihrem Leser unbedingt klar machen sollten.
Anschließend sollten Sie untersuchen, wie Büchner ***argumentiert*** *und welche* ***sprachlich-rhetorischen Mittel*** *er dabei einsetzt. Gehen Sie dabei besonders auf das Zusammenwirken von Emotionen und Argumenten ein. Ihre Untersuchung soll zeigen, wie Büchner Sprache z. B. in Form von Rechtfertigungen, Behauptungen oder Thesen verwendet, um seine Intentionen zu bekräftigen, wobei er allerdings nicht immer sachlich bleibt. Sie müssen in diesem Zusammenhang vor allem darauf achten, welche sprachlichen und rhetorischen Besonderheiten Büchner hier benützt, ohne sie einfach nur aufzulisten. Entscheidend ist, dass Sie diese Mittel in ihrer Funktion und möglichen Wirkung erfassen.*
Achten Sie darauf, dass Sie in diesem Teil der Aufgabe nicht ins Paraphrasieren abgleiten. So ist z. B. der Hinweis „Büchner schreibt zunächst, dass er über sein Drama einige Worte sagen müsse und dass in seinem Dramentext einiges geändert worden sei, ‚platter Unsinn' (Z. 6) stehe fast auf jeder Seite" nur eine Paraphrase, also ein in indirekter Rede wiedergegebenes Zitat, das nicht deutlich macht, dass Sie verstanden haben, welche Funktion der erste Teil des Briefes erfüllt.
Denken Sie daran, dass im Sinne der Aufgabenart I A der Schwerpunkt der Bearbeitung auf dem ersten Arbeitsauftrag, der Analyse, liegen muss.

Lösungsvorschlag

Einleitung
Verfasser
Entstehungszeit
Anlass
Thema
Intention

Georg Büchner, ein Dichter des Vormärz, schrieb den vorliegenden Brief vom 28. Juli 1835, in dem er sich zur Aufgabe des Dichters äußert, als **Reaktion auf die Veröffentlichung** seines Dramas „Dantons Tod" und auf die damit verbundene öffentliche bzw. seitens seiner Familie geäußerte Kritik. Er will sich auf diese Weise **rechtfertigen** und gleichzeitig sein **Verständnis** von der Aufgabe des Dramatikers klar **herausstellen**. Dies geschieht in **Abgrenzung** zu den von ihm so bezeichneten Idealdichtern, die die Welt darstellen, wie sie sein soll, wohingegen es Büchners Ansicht nach die Aufgabe des Dramas ist, die Welt so darzustellen, wie sie wirklich ist. Büchners Ärger über die vorzeitige Veröffentlichung, die Änderungen innerhalb seines Dramas, die ohne sein Einverständnis von Eduard Diller vorgenommen wurden, und die ungerechtfertigte Kritik seiner Familie drückt sich in einer leidenschaftlichen und teilweise polemischen Sprache aus.

Hauptteil
Aufbau

Der Brief lässt sich in vier Sinnabschnitte unterteilen:
Im ersten Teil des vorliegenden Ausschnitts (Z. 1–11) bringt Büchner seinen Ärger und Missmut über die Änderungen, die Diller vor der Veröffentlichung seines Dramas „Dantons Tod" vorgenommen hat, zum Ausdruck und stellt diese dar. Anschließend (Z. 11–28) geht er im zweiten Abschnitt auf Vorwürfe bezüglich der in seinem

Drama verwendeten Umgangssprache ein und äußert sich erstmals zur Aufgabe des Dichters, bevor er im dritten Abschnitt (Z. 28–45) seine Vorstellungen hierzu und zur Auswahl des Dramenstoffes näher erläutert. Im letzten Teil des Briefauszugs (Z. 45–51) führt er Goethe und Shakespeare als positive Vertreter der Dichtkunst an und setzt sich mit den zu erwartenden Kritiken an seinem Werk auseinander.

Argumentationsstruktur sprachlich-rhetorische Mittel

1. Abschnitt

Zu Beginn des Auszugs **begründet** Büchner seiner Familie gegenüber seine Motive, diesen Brief zu verfassen. Mehrfach weist er daraufhin hin, dass er sich zu seinem Drama äußern müsse (Z. 2 „sagen"; „bemerken"). Diese Anhäufung verdeutlicht bereits, dass er seiner Familie seine Sichtweise zu „Dantons Tod" **erklären** und **sich** für die Ausgestaltung **rechtfertigen** will.

Er fährt mit dem **Vorwurf** an Diller bzw. am Verleger Sauerländer fort, dass die Erlaubnis „einige Änderungen machen zu dürfen, allzu sehr benutzt worden [sei]" (Z. 3) und **belegt** dies anhand sprachlicher Umgestaltungen, die vorgenommen wurden. So sei der Sinn zum Teil „ganz entstellt" (Z. 5), die Veränderungen ergäben „fast platte[n] Unsinn" (Z. 5 f.). Um dies hervorzuheben, setzt Büchner das rhetorische Mittel der Klimax ein und bringt seiner Familie gegenüber seine Verärgerung in einer stufenweisen Steigerung von „nachteiligste Weise" (Z. 4 f.) über „ganz entstellt" (Z. 5) bis hin zu „platter Unsinn" (Z. 6) zum Ausdruck. Büchner **beklagt** ferner, dass ihm keine Möglichkeit gegeben wurde, den Korrekturbogen zu lesen und dass das Buch somit „von den abscheulichsten Druckfehlern" (Z. 6 f.) wimmele. Einen weiteren **Beleg** für die Berechtigung seines Vorwurfs an Diller und Sauerländer liefert Büchner, indem er hervorhebt, die Anonymität sei nicht gewahrt und der Titel geändert worden. Die Schlagwörter „abscheulich" (Z. 6 f.) und „abgeschmackt" (Z. 8), die seinen Groll sehr deutlich zeigen, verwendet Büchner, um seine Anschuldigungen zu bekräftigen. **Darüber hinaus verweist** er auf weitere Veränderungen des Korrektors, die er abwertend als „Gemeinheiten" (Z. 10) bezeichnet und von denen er sich klar distanziert.

Klimax

Schlagwörter

2. Abschnitt

Den zweiten Abschnitt des Briefes leitet Büchner zunächst mit dem Hinweis auf Gutzkows „glänzende Kritiken" (Z. 11) ein und weist darauf hin, dass er bei deren Lektüre keinerlei „Eitelkeit" empfunden habe. Zugleich dient ihm die Anführung dieser positiven Rezension dazu, seine Position bereits im Vorgriff seiner Erläuterungen zu stärken. Nach diesem Einschub beginnt Büchner, sich mit den ihm vorgeworfenen „so genannten Unsittlichkeiten" (Z. 13) in seinem Werk auseinanderzusetzen. Er **stellt** in diesem Zusammenhang die **These auf**, dass ein „dramatischer Dichter [...] nichts als ein Geschichtsschreiber" (Z. 14) sei, dass er aber durch seinen produktiven Umgang mit den historischen Vorlagen über letzteren stehe.

These: Dichter als Geschichtsschreiber

Um zu zeigen, wie „trocken"(Z. 16) die Geschichtsschreibung und wie lebendig dagegen die Neuerzählung des Dichters sei, **verwendet** er **Antithesen**. So stellt er den eher sachlichen Bezeichnungen „Charakteristiken" (Z. 17) und „Beschreibungen" (Z. 18), mit denen er die Geschichtsschreibung kennzeichnet, die mehr kreativ besetzten Begriffe „Charaktere" (Z. 17) und „Gestalten" (Z. 18) gegenüber, die sich seiner Ansicht nach in den lebendigen Schöpfungen dramatischer Dichter zu erkennen geben.
Büchner **stellt die Forderung auf**, dass der Dichter in seinem Werk nicht allzu weit von der historischen Wahrheit abweichen dürfe (Z. 19) und **fügt erläuternd hinzu**, dass das Drama „weder sittlicher noch unsittlicher" (Z. 19 f.) als seine geschichtliche Vorlage sein dürfe. Mit der Formulierung dieses Anspruchs **setzt sich** Büchner gegen den **Vorwurf**, er schreibe unsittlich, **zur Wehr**. Zur **Rechtfertigung** seines Dramas führt Büchner weiter an, dass die reellen historischen Begebenheiten selbst ebenso wenig für junge Damen geeignet seien (Z. 21) wie das Drama, in dem diese Vorkommnisse neu erzählt würden. So begründet er folglich auch die „Liederlichkeit" (Z. 24) und die „Gottlosigkeit" (Z. 25) der Figuren seines Dramas damit, dass aus „Banditen" (Z. 23) keine „Tugendhelden" (Z. 24) zu machen seien. In diesem Zusammenhang verweist er **zur Unterstützung seiner Position** auf die „weltbekannte, obszöne Sprache der damaligen Zeit" (Z. 27), die er nur in abgeschwächter Form verwendet habe und **begegnet somit möglichen Vorwürfen**.

3. Abschnitt

dialektische Begründung der Themenwahl

Im dritten Abschnitt geht Büchner dazu über, seine Themenwahl **dialektisch zu begründen**, um jede Diskussion in diesem Zusammenhang von vornherein auszuschließen. Der **These**, dass man ihm die Wahl seines Stoffes zum Vorwurf machen könnte (Z. 28 f), setzt er **antithetisch** entgegen, dass dieser Einwand „längst widerlegt" (Z. 30) sei und **kommt zu dem Schluss**, dass ansonsten „die größten Meisterwerke der Poesie verworfen werden müssten" (Z. 30 f.). Durch die Verwendung des Konjunktivs macht Büchner seiner Familie gegenüber deutlich, dass er diese Entwicklung für höchst unwahrscheinlich hält und sieht die Wahl seines Dramenstoffes **in der Konsequenz daraus als gerechtfertigt** an.

Konjunktiv

Wiederholung der These vom Dichter als Geschichtsschreiber

In der Folge dessen greift Büchner erneut seine in Z. 14 ff. aufgestellte **These**, dass der Dichter ein Geschichtsschreiber sei, auf und **erweitert** sie. Mit seiner Negativdefinition, der Dichter sei „kein Lehrer der Moral" (Z. 31) und der damit verbundenen Abgrenzung von Schiller und dessen Vorstellung vom „Theater als moralische Lehranstalt" kommt Büchner zum wichtigsten Teil seines Briefes. Seiner Auffassung folgend, die er **thesenartig begründet**, lasse der Dichter in seinem Werk „vergangene Zeiten wieder aufleben" (Z. 32) und biete den Menschen dadurch die Möglichkeit, nicht nur aus der Vergangenheit selbst und „der Beobachtung dessen, was im menschlichen Leben um sie herum vorgeht“ (Z. 33 f.) zu lernen, sondern sich überdies im Drama wieder zu finden und daraus Erkenntnisse zu gewinnen. Die historisch korrekte Darstellung auch unmoralischer Aspekte, die Büchners Verständnis vom Dichter als Geschichtsschreiber zufolge notwendig ist, um wahr und aufrichtig zu sein, unterscheide sich deutlich von der Auffassung der „Idealdichter“.

Mögliche **Einwände gegen diese Position wehrt** Büchner durch die **provokante These ab**, dass das Unanständige fester Bestandteil des menschlichen Lebens sei und eine Konfrontation damit nur vermeidbar, wenn man sich nicht mit der Geschichte auseinandersetze und „mit verbundenen Augen über die Gasse“ (Z. 36) gehe. Büchner unterstreicht diese **Behauptung**, indem er sich in dieser Argumentationskette wiederum des rhetorischen Stilmittels der Klimax bedient: „unmoralische Dinge“ (Z. 35), „Unanständigkeiten“ (Z. 37), „Liederlichkeiten“ (Z. 38). Klimax

Ähnlich wie zu Beginn (Z. 21) greift Büchner anschließend wieder auf Gott als Legitimation zurück. Erneut **rechtfertigt** er seine Darstellung der „Welt [...] wie sie ist“ (Z. 39) **mit der Feststellung**, dass die real existierende Welt, da Gott sie geschaffen habe, so sei, „wie sie sein soll“ (Z. 41).

Kritisierte Büchner bis dahin die „Idealdichter“ (Z. 42) in seinem Brief nur indirekt, so **greift** er sie nun **direkt und unverblümt an**. **Er wirft ihnen vor**, „Marionetten mit himmelblauen Nasen“ (Z. 42 f.) zu schaffen, gefühllose Wesen, denen es nicht gelinge, die Zuschauer emotional zu berühren bzw. Regungen in ihnen zu erwecken. Die direkte Gegenüberstellung von „Marionetten“ (Z. 42) und „Menschen aus Fleisch und Blut“ **bekräftigt diesen Vorwurf** zusätzlich. Büchners Kritik richtet sich vor allem gegen Schiller, den er als Vertreter der „Idealdichter“ anführt. Mit seinem anschließenden Bekenntnis zu Goethe und Shakespeare positioniert er sich in der Nähe anerkannter literarischer Autoritäten, suggeriert Ähnlichkeiten zu deren Dichterverständnis und versucht seine Position dadurch zu stärken.

direkte Kritik an „Idealdichtern“

Zuletzt sucht Büchner in seinem Brief zu erwartende „ungünstige Kritiken“ (Z. 47) von vornherein dadurch zu **entkräften**, dass er seinen Kritikern jede Kompetenz oder Neutralität abspricht, was sich in den diffamierenden Bezeichnungen „Dummköpfe oder unsittliche Menschen“ (Z. 50) zeigt, die er diesen „bezahlten Schreiber[n]“ (Z. 48) gegenüber verwendet. Gleichzeitig **betont** er jedoch, dass er „jede wahrhaft ästhetische Kritik“ dankbar entgegennehmen wolle und **verwahrt sich** somit **gegen** mögliche **Vorwürfe**, nicht offen für Rezensionen seines Werkes zu sein.

4. Abschnitt

diffamierende Bezeichnungen

Aufgabe 2 ist ein weiterführender Schreibauftrag, der auf dem Verständnis des Büchner-Briefes, auf Ihrer Kenntnis von Lessings Drama „Emilia Galotti" sowie auf der Beschäftigung mit dramentheoretischen Positionen und Dramen verschiedener Epochen aufbaut.
Die Aufgabe zielt darauf ab, dass Sie ausgehend von den Gesichtspunkten, die Büchner an den Werken der Idealdichter beanstandet, ***begründet Stellung nehmen****, ob diese Kritikpunkte auch auf Lessings Drama „Emilia Galotti" bezogen werden können. Hierzu sollten Sie sich zunächst noch einmal kurz die Aspekte vergegenwärtigen, an denen sich Büchners Kritik in dem Brief hauptsächlich entzündet und die zugleich entscheidend für sein Dramenverständnis sind:*
1. Auswahl des Stoffes
2. Sprache.
3. Figurenzeichnung und Wirkung des Dramas
Auch Lessings dramentheoretische Position und die daraus resultierende Figurenkonzeption in „Emilia Galotti" spielen in diesem Zusammenhang eine wichtige Rolle. Sie sollten dabei mögliche Unterschiede zwischen der Gestaltung, die Büchner Schiller als exemplarischem Vertreter der Idealdichter zuschreibt, und derjenigen, die sich in Lessings Drama zeigt, herausarbeiten und diese mit den verschiedenen dramentheoretischen Ansätzen ***begründen****.*

Stoffwahl

Büchner orientiert sich in der Auswahl seiner Dramenstoffe an reellen historischen Begebenheiten und erhebt den dichterischen Anspruch, diese so wirklichkeitsnah wie möglich in seinen Werken darzustellen. Er beschreibt sich selbst als Geschichtsschreiber und betont, wie wichtig die **historische Authentizität** eines Dramas für sein dramatisches Verständnis ist.
Lessing hingegen folgt hinsichtlich der Stoffauswahl für sein Drama „Emilia Galotti" anderen Kriterien als den von Büchner genannten. Er bedient sich der **altrömischen Legende** der Verginia als Vorlage für sein Drama und verlagert das Geschehen an einen imaginären italienischen Hof. Die handelnden Figuren sind frei erfunden und haben keine real existierenden geschichtlichen Vorbilder. Dadurch kann die dargestellte Situation zwar auch auf die Gegenwart Lessings und seiner Zeitgenossen bezogen werden und die Zuschauer zur kritischen Reflexion anregen, Lessing musste jedoch nicht den Vorwurf befürchten, er kritisiere konkrete gesellschaftspolitische Verhältnisse seiner Zeit.

Sprache

Einen weiteren zentralen Aspekt von **Büchners Dramentheorie** bildet die Sprache, die **authentisch** und der historischen Realität nachempfunden sein soll. Dies bedeutet, dass Büchner zufolge auch Umgangs- und Vulgärsprache Eingang in das Drama finden sollen, wie er in seinem Brief eindrücklich darlegt. Diese Sprachvarianten verwendet Lessing in seiner „Emilia Galotti" zwar nicht, der bürgerliche Charakters des Trauerspiels schlägt sich aber hier durchaus auch in der Sprache nieder, die im Sinne Büchners als „real" bezeichnet werden kann.

Figurenzeichnung Wirkung des Dramas

Um die Frage zu überprüfen, inwieweit im Sinne Büchners die Figurenzeichnung und die Wirkung, die Lessing mit seinen Dramen anstrebte, zu kritisieren sind, möchte ich zunächst auf wesentliche Ausführungen Lessings aus seiner „Hamburgischen Dramaturgie" zurückgreifen.

Ziel der Tragödie ist nach Lessing die Erregung von „**Furcht**" und „**Mitleid**". Lessing greift damit auf Aristoteles zurück, lehnt die Übersetzung des von diesem verwendeten Begriffs „phobos" mit dem Begriff „Schrecken" aber ab und ersetzt ihn durch die Bezeichnung „Furcht". „Furcht" und „Mitleid" sind bei Lessing eng miteinander verbunden und als mitfühlende Angst des Zuschauers, das, was auf der Bühne passiert, könne auch ihm selbst geschehen, zu verstehen. Dieses wird erreicht, wenn der Zuschauer die Ähnlichkeit mit der auf der Bühne leidenden Figur spürt.

Voraussetzung dafür, dass die oben skizzierten Reaktionen beim Zuschauer erzielt werden, ist Lessing zufolge, dass die auf der Bühne erscheinenden Figuren als **gemischte Charaktere** gezeichnet werden, d. h. als Menschen mit besonderen Vorzügen bzw. Tugenden, aber auch mit Fehlern bzw. Schwächen. Erst dann könne der Zuschauer das Gefühl haben, sich mit den dargestellten Figuren identifizieren zu können.

Vor diesem Hintergrund kann durchaus davon ausgegangen werden, dass Lessings Figuren in seinem Drama „Emilia Galotti" keine „Marionetten mit himmelblauen Nasen und affektiertem Pathos" (Z. 42 f.) sind, sondern Figuren, „deren Leid und Freude mich mitempfinden macht, und deren Tun und Handeln mir Abscheu oder Bewunderung einflößt." (Z. 43 f.).

Beispiel

Dies möchte ich an zwei Figuren exemplarisch verdeutlichen:

Emilia ist einerseits die tugendhafte Tochter einer Familie aus der bürgerlichen Welt, wobei der Begriff „bürgerlich" als Synonym für „allgemein-menschlich" verwendet wird und den häuslichen, familiären Bereich im Gegensatz zum politischen, öffentlichen meint. Diese Seite ihres Charakters zeigt sich vor allem im Anschluss an Emilias Begegnung mit dem Prinzen in der Kirche, die sie in helle Aufregung versetzt hat (II/6). Auf der anderen Seite ist sie in dem Moment, in dem sie dem Prinzen in sein Gemach folgt, eine junge Frau, die die Reize, denen sie ausgesetzt ist, immer mehr als Gefährdung ihrer Persönlichkeit begreift (III/5). Ihre Verführbarkeit gesteht sie später (V/7) in überlegter Weise selbst ein und erweist sich somit als Mensch, der zwischen Verstand und Gefühl hin- und hergerissen ist.

Der Prinz erscheint schon im 1. Akt, vor allem in der 8. Szene, als verantwortungsloser Regent, der willkürlich schwerwiegende Urteile fällt und seine persönlichen Interessen vor das Allgemeinwohl und seine Staatsgeschäfte stellt. Besonders sein Umgang mit Frauen kann als unmoralisch bezeichnet werden. Andererseits begegnen die Zuschauer ihm auch als einem bemitleidenswerten Menschen ohne einen wirklichen Freund, der sich von Marinelli steuern lässt, sodass er hier in einem anderen Sinne zur „Marionette" wird. Seine ehrliche Erschütterung über den Tod Emilias und die Verbannung Marinellis könnten möglicherweise auch als Ausdruck einer tiefempfundenen Wandlung verstanden werden.

Stoffwahl

An der Stoffwahl lässt sich bereits ein signifikanter Unterschied in den **dramentheoretischen Positionen** von Büchner und Lessing erkennen. Während es für Büchners Verständnis von entscheidender Bedeutung ist, historische Figuren und Ereignisse als Ausgangspunkt für seine Dramen zu verwenden und in seinen Werken historische Wahrheit darzustellen, legt Lessing größeren Wert auf die Einheitlichkeit, Natürlichkeit und Wahrscheinlichkeit der Handlung und verzichtet dafür auf reale Vorlagen. Büchners Kritik an den Idealdichtern muss sich also in diesem Fall auch auf Lessings „Emilia Galotti" erstrecken, da diesem Drama kein historischer Hintergrund und keine realen Personen zugrunde liegen, wie von Büchner in seinem Brief gefordert.

Sprache

Die Sprache, die Lessing in seinem Drama verwendet, kann hingegen nicht angeführt werden, um „Emilia Galotti" in Büchners Sinne als Werk eines „Idealdichters" zu bezeichnen, da sie durch ihren bürgerlichen Charakter der Lebenswirklichkeit nachempfunden ist, wie Büchner dies in seiner Dramentheorie als erstrebenswert propagiert.

Figurenzeichnung

Die **gemischten Charaktere**, die Lessing in seinem Drama zeichnet, ermöglichen es den Zuschauern durch ihre Gestaltung zwar mitzuleiden und sich mit den Figuren zu identifizieren. Dennoch weisen sie auch zahlreiche Züge **idealer Figuren**, wie Büchner sie kritisiert, auf. Emilias Entscheidung im Sinne der Tugend ist ebensosehr einem idealen Charakterbild geschuldet wie Odoardos Mord an Emilia und die gleichzeitige Verschonung des Prinzen. Lessing stellt hiermit eine Welt dar, wie sie sein sollte und nicht, wie sie normalerweise zu erwarten wäre.

Fazit

Daher lässt sich Büchners Kritik an den Idealdichtern, wie ich an Beispielen verdeutlicht habe, in Bezug auf die Stoffauswahl sowie teilweise die Figurenzeichnung in eingeschränkter Form durchaus auf Lessings Drama „Emilia Galotti" übertragen.

Leistungskurs Deutsch (Nordrhein-Westfalen) – Übungsaufgabe 2: I B: Vergleichende Analyse von Sachtexten

Arbeitsgrundlagen:
1. Michael Stolleis, *Die Schaffnerin*
2. Peter Michalzik, *Das Monster als Mensch*

Aufgabe:
1. Analysieren Sie die vorliegenden Texte und gehen Sie dabei insbesondere auf die Textsorte und die Intention der Autoren ein.
2. Vergleichen Sie die beiden Texte und nehmen Sie kritisch Stellung dazu, inwiefern die Autoren die gewünschte Wirkung erzielen.

Erlaubte Hilfsmittel: ein Wörterbuch der deutschen Rechtschreibung und eine unkommentierte Textausgabe von *Der Vorleser*

Die Schaffnerin

Bernhard Schlink läßt vorlesen. Von Michael Stolleis

Am Anfang scheint es nur eine kleine, leichte und pikante Geschichte zu sein, eine etwas ungewöhnliche Liebesbeziehung zwischen einem Fünfzehnjährigen und einer fünfunddreißigjährigen Straßenbahnschaffnerin. Der Junge: ein Professorenkind mit älteren Geschwistern; die Szenerie: Heidelberg etwa 1958–1961. Die Beziehung ist mehr oder weniger asymmetrisch und trägt ihr Ende in sich, der Ich-Erzähler ist noch zu jung, sie ist verschlossen und verbirgt ein Geheimnis. Aber sie mag es, wenn er ihr vorliest, und er tut es mit Hingabe. Langsam verdunkelt sich die Geschichte und wird schwerer. Die ungleiche Beziehung löst sich auf, die Frau verschwindet eines Tages spurlos. Der Junge wird erwachsen, studiert dann „aus Verlegenheit" Rechtswissenschaft. Die Erinnerungen an die Erlebnisse der Schulzeit verblassen.

Nun jedoch wendet sich die Sache in die Zeitgeschichte und berichtet vom Jurastudium um 1965 in Heidelberg. Die NS-Vergangenheit wird „aufgearbeitet", die Universitäten sind in Aufregung, die Studenten nehmen an einem Seminar über NS-Verbrechen teil und fahren zu einem der KZ-Prozesse, „an der Bergstraße entlang" in eine große Stadt. Dort sieht der Ich-Erzähler die Frau wieder, angeklagt als ehemalige Aufseherin in Auschwitz. Schlink schildert den Prozeß als professioneller Jurist, und er sucht dabei die Perspektive des tief irritierten Studenten, des seiner Gefühle nicht sicheren Liebhabers der Angeklagten und die heutige distanzierte Reflexion miteinander zu verbinden. Das ist schwierig, denn dieser Text ist kein mehrstimmig angelegter Roman, eher ein Monolog der Erinnerung, ein persönliches und politisches Grübel- und vielleicht sogar Bekenntnisbuch, geschrieben aus dreißig Jahren Abstand. Ist der Weg dieser Arbeiterin Hanna Schmitz, der 1922 in Siebenbürgen beginnt, nach Berlin zur Siemens AG und anschließend zur SS führt, ein „deutsches Schicksal", von dem der wohlbehütete bürgerliche Junge nur gestreift wird? Oder ist dieser junge Mann Michael, der gewissermaßen auch aus Verlegenheit später Professor für Rechtsgeschichte mit speziellem Interesse am NS-Recht wird, in irgendeiner Weise generationstypisch?

Hanna ist Analphabetin. Das ist ihre krampfhaft gehütete Schwäche, die sich stufenweise und recht kunstvoll offenbart. Überall hat sie sich vorlesen lassen, schon im KZ von jungen weiblichen Häftlingen, dann von ihrem jungen Freund. In der achtzehnjährigen Haft erhält sie Kassetten mit Literatur, die der nunmehrige Professor ein Jahrzehnt lang für sie aufgenommen und ins Gefängnis gesandt hat. Mit großer Anstrengung lernt sie in der Haft lesen und schreiben, studiert Fachliteratur über Konzentrationslager, setzt sich mit ihrer Lebensgeschichte auseinander, und am Ende, als sie entlassen werden soll, bringt sie sich um. Also doch ein idealistischer Entwicklungsroman, ein Prozeß der Bewußtwerdung und Reifung, ein Akzeptieren der Schuld durch den eigenen Tod?

Diese unlösbaren Fragen werden in der Schwebe behalten. Ihr Gewicht wird nur erträglich durch Schlinks einfühlsame und transparente Sprache. Auch in den Andeutungen der Details ist sie von oft erstaunlicher Präzision. Der über sich und seinen Werdegang, über die Abgründe von Strafprozessen, über Schuld und Schuldgefühle kritisch und selbstkritisch reflektierende Jurist überdeckt gelegentlich den genuinen Schriftsteller, der hier ans Licht kommt. Und doch ist diese „traurige Geschichte" am Ende eine runde Geschichte geworden.

Nach drei spannenden Kriminalromanen, die wohl von manchen Kollegen des Staatsrechts als nicht ganz „leitbildkonform" registriert worden waren, ist dies nun Schlinks persönlichstes Buch. Nicht alles in ihm ist erfunden, aber woher ein Autor seinen Stoff nimmt, ist seine Sache, nicht die des neugierigen Lesers.

Aus: Frankfurter Allgemeine Zeitung. Ausgabe vom 9. September 1995

Das Monster als Mensch

Zu zeitlos, um konkret zu sein: Bernhard Schlinks parabelnde Annäherung an eine analphabetische Ex-KZ-Wärterin. Von Peter Michalzik

Die Stärke von Bernhard Schlinks Buch ist sein Plot. Er dreht sich um Hanna Schmitz, die 1944 zur SS ging und als Wärterin in ein Außenlager von Auschwitz kam. Während des im letzten Kriegswinter verordneten Marsches nach Westen ließ sie mit anderen Wärterinnen die Gefangenen, die noch nicht im Schnee umgekommen waren, in einer brennenden Kirche im Stich, obwohl sie die Tore leicht hätte öffnen können.

Der Ich-Erzähler lernt die unerkannt in Heidelberg lebende Hanna einige Jahre später kennen, er ist fünfzehn, sie arbeitet als Straßenbahnschaffnerin. Sie hilft ihm, als er sich einer beginnenden Gelbsucht wegen auf die Straße erbricht. Als er sie besucht um sich zu bedanken, kommt es zu einer einen Sommer dauernden Liebesbeziehung, die das Leben des Erzählers bestimmt, auch nachdem sie abbricht – und obwohl er zu diesem Zeitpunkt nichts von Hannas Vergangenheit weiß.

Als Jurastudent trifft er die jetzt angeklagte Hanna im Gerichtssaal. Er verfolgt die Verhandlung, irgendwann überfällt ihn wie ein Gedankenblitz das eigentliche Geheimnis von Hannas Leben: Sie kann nicht lesen und schreiben. Die verstockt wirkende Hanna wird verurteilt und kommt lebenslänglich hinter Gitter.

Nach mehreren Jahren beginnt der längst erwachsene Ich-Erzähler ihr von ihm mit Weltliteratur besprochene Kassetten zu schicken. Schon im ersten Sommer ihrer Verliebtheit hatte er ihr immer vorgelesen. Unpersönlich und doch innig lebt die Beziehung im Vorlesen fort.

Die Provokation des Buchs liegt in dem positiven Blickwinkel, aus dem Hanna, ein Mensch, den die Zeitungen damals als Monster bezeichnet hätten, beschrieben wird. Dazu führt der Analphabetismus. Er steht zwar nicht in direktem Zusammenhang mit ihren Verbrechen im Dritten Reich, aber er macht sie selbst zu einem Opfer und gibt zu Spekulationen über die Motivation Hannas Anlass. Ihr ganzes Leben war vom Versuch geprägt, ihre Behinderung zu verbergen, das macht sie zu einer ängstlichen, unbewussten, Peinigungen der Umwelt hilflos ausgesetzten Person. Auch die Liebesgeschichte dient bei Schlink vor allem dazu, Hanna positiv zeichnen zu können.

Die Schwäche des Buches ist seine parabelnde Zeitlosigkeit. Das Konkrete findet nicht statt. Das Geschehen ist, so darf man vermuten, in den fünfziger Jahren angesiedelt, schweift aber dauernd in philosophische Erwägungen ab. Die kurzen Kapitel enden meist mit allgemeinen Einlassungen über Verstrickung, Schuld und das Leben als solches. Zu einer Aussprache oder Konfrontation kommt es nie.

Was als Metapher für das Land des Schweigens, in dem wir gegenüber den Taten unserer Väter und Großväter im „Dritten Reich“ noch immer verharren, verstanden werden mag, ist trotzdem auch Vermeidungsstrategie selbst. Ihr überlässt sich Schlink – unverständlich, denn seine Geschichte ist ja ansonsten nicht unraffiniert. Das Buch bekommt davon etwas von dieser melancholischen Tragik, die wie Novembernebel durch die Zeilen wallt.

Aus: Die Tageszeitung, Ausgabe vom 9./10. Dezember 1995

Hinweise und Tipps

Voraussetzung
Die Aufgabe basiert auf Ihrer Kenntnis des Romans „Der Vorleser" von Bernhard Schlink. Es ist davon auszugehen, dass Ihnen die Textsorte „Rezension" aus verschiedenen unterrichtlichen Zusammenhängen bekannt ist.

Richten Sie sich bei der vergleichenden Analyse dieser beiden Textauszüge der Aufgabenart I B nach den Hinweisen, die Sie auf S. 7ff. im Hinweiskapitel nachlesen können.
Der Lösungsvorschlag orientiert sich an der reihenden Methode.
Es ist sinnvoll, wenn Sie in Ihrer Einleitung eingehen auf
- *Verfasser, Zeitung, Erscheinungsjahr*
- *Gemeinsamkeiten der Texte:*
- *Textsorte (zwei Rezensionen)*
- *Gegenstand/Thema (Bernhard Schlinks Roman „Der Vorleser")*
- *Intention und Adressaten: Eingeschränkte Buchempfehlung in der „taz"; uneingeschränkte Empfehlung in der „FAZ"; Adressaten: gebildete Leserschaft, abzuleiten aus Inhalt und Sprache der Rezensionen sowie aus der Angabe, dass es sich um die „FAZ" und die „taz" handelt.*

***In Teil 1 des Hauptteils** analysieren Sie eine der beiden Rezensionen. Sie können selbst entscheiden, mit welcher Sie beginnen. Anschließend wird **in Teil 2** die zweite Rezension in stetem Rückgriff auf die erste analysiert.*
Orientieren Sie sich bei der Analyse der Rezensionen zunächst an den „Fragen, die bei der Analyse von Sachtexten zu beachten sind" (s. S. 5f.). Diese Fragen müssen jeweils an die entsprechenden Besonderheiten des zu analysierenden Textes angepasst werden.
*So müssen Sie bei der Analyse der vorliegenden Rezensionen beachten, dass beide Verfasser das Ziel verfolgen, das Interesse der Leser auf den Roman Schlinks zu richten und entsprechende Urteile abzugeben. Um die entsprechende **Strategie** der Rezensenten zu erfassen, müssen Sie die **Struktur** der Texte herausstellen.*
***Anregungen dazu**:*
- *Zeichnen Sie den Aufbau der Rezensionen nach durch Kennzeichnung von Sinnabschnitten und durch kurze Hinweise zum Inhalt bzw. zur Funktion der Sinnabschnitte.*
- *Untersuchen Sie die **Titel-Text-Relation**.*
- *Arbeiten Sie die **wesentlichen Thesen** heraus. Diese bestehen vor allem aus deutlichen **Urteilen**.*
- *Kennzeichnen Sie die Argumente, die die Rezensenten zur Stützung ihrer Thesen/Urteile anführen. Welche Hinweise auf Stärken des Buches, welche Einschränkungen werden formuliert?*
- *Erarbeiten Sie in Verbindung damit die sprachlich-rhetorischen Besonderheiten, die die Rezensenten verwenden, um ihr Urteil besonders wirksam zu präsentieren.*

Lösungsvorschlag

Bei den beiden vorliegenden Texten „Die Schaffnerin“ von Michael Stolleis, erschienen am 09. 09. 1995 in der „FAZ“ und „Das Monster als Mensch“ von Peter Michalzik, vom 9. /10. 12. 1995 in der „taz“, handelt es sich um zwei Rezensionen zu Bernhard Schlinks Roman „Der Vorleser“. Beide Texte wenden sich, wie bereits den Zeitungen, in denen sie veröffentlicht wurden, zu entnehmen ist, an ein literarisch gebildetes Publikum. Darauf verweisen in der Rezension „Das Monster als Mensch“, die Peter Michalzik für die „taz“ schrieb, u. a. Fachbegriffe wie „Parabel“ (s. Untertitel) und „Metapher“, in der Rezension von Michael Stolleis aus der FAZ die differenzierten Genrebestimmungen[1]. Während Stolleis den Roman deutlich empfiehlt, zeigt Michalzik auch Schwächen des Buches auf, das er nur als bedingt lesenswert erachtet.

Einleitung
Verfasser
Zeitung / Quelle
Erscheinungsjahr
Textsorte
Thema
Intention

Stolleis erweckt das Interesse seiner Leser schon durch den Titel „Die Schaffnerin“, der in Verbindung mit dem Untertitel „Bernhard Schlink läßt vorlesen“ bei demjenigen, dem der Roman unbekannt ist, die Frage aufwirft, welcher Zusammenhang zwischen einer Schaffnerin und dem Vorlesevorgang besteht. Im Untertitel wird auch der Autor namentlich genannt, der zum Zeitpunkt, als der Roman erschien, den meisten Lesern bekannt gewesen sein dürfte.

Hauptteil
Analyse der
1. Rezension

Die Anspielung auf die Schaffnerin, die sich vorlesen lässt, wird im Text mehrmals aufgegriffen und konkretisiert. Dies geschieht im Rahmen des Versuches, den Roman verschiedenen Genres zuzuordnen und die Rezension dadurch zu gliedern.

Aufbau
Genrezuordnung

So nimmt der Rezensent im 1. Abschnitt (Z. 1–10) eine **erste vorsichtige Genrebestimmung vor**, indem er sagt, „[a]m Anfang schein[e] es nur eine kleine, leichte und pikante Geschichte zu sein, eine etwas ungewöhnliche Liebesbeziehung zwischen einem Fünfzehnjährigen und einer fünfunddreißigjährigen Straßenbahnschaffnerin“ (Z. 1 ff.) und lässt den Leser so eine Liebesgeschichte erwarten.

1. Abschnitt

Im zweiten Abschnitt (Z. 11–27) führt er durch den Hinweis auf den Charakter des zweiten Teils des Romans, in dem der Prozess vom Ich-Erzähler aus der Retrospektive dargestellt wird, die **zweite** behutsam formulierte **Genrebestimmung** durch und nennt den Roman „eher ein[en] Monolog der Erinnerung, ein persönliches und politisches Grübel- und vielleicht sogar Bekenntnisbuch“ (Z. 20 f.).

2. Abschnitt

Anmerkung:
1 Genre: In der Literaturwissenschaft häufig zur weiteren Differenzierung des Begriffs „Gattung“ gebraucht (z. B. nähere Unterteilung der Gattung Roman in Schauerroman, Entwicklungsroman, Abenteuerroman etc.)

Das Interesse des anspruchsvollen Lesers weckt er im dritten Abschnitt (Z. 28–37) dadurch, dass er nun auf die „Schaffnerin“, die er durch den Titel schon in den Mittelpunkt gestellt hat, eingehend den **Leser mit der Frage konfrontiert**, ob es sich nicht um einen „idealistische[n] Entwicklungsroman“ (Z. 35 f.) handle und durch diese Frage den Leser indirekt zur Lektüre und zu einer eigenen Urteilsfindung herausfordert. 3. Abschnitt

Im vorletzten Abschnitt (Z. 38–44) leitet er von den Ausführungen zur Genrebestimmung über zur **Würdigung der Sprache** Schlinks, bevor er am Ende (Z. 44–48) die Neugier des Lesers dadurch erweckt, dass er **behauptet**, dies sei Schlinks „persönlichstes Buch“ (Z. 47) und dafür das Argument anführt, „nicht alles in ihm [sei] erfunden“ (Z. 47). 4. Abschnitt 5. Abschnitt

Auffällig an der Genrezuordnung, die Stolleis vornimmt, ist ihre Vagheit. So **formuliert** er seine Zuordnungen **nicht thesenartig,** sondern eher als **Vermutungen**. Das ist zu schließen aus Wendungen wie „scheint es nur eine kleine, leichte und pikante Geschichte zu sein“ (Z. 1), „eher ein Monolog [...] und vielleicht sogar [ein] Bekenntnisbuch“ (Z. 20 f.) und aus der Frage „Also doch ein idealistischer Entwicklungsroman [...]“ (Z. 35 f.). Durch diese Unverbindlichkeit fordert er den Leser dazu auf, sich ein eigenes Bild zu machen und ein eigenes Verständnis der Bedeutung des Romans zu gewinnen.

Die verschiedenen Genrebestimmungen werden vom Verfasser durch den überlegten Einsatz **sprachlicher Mittel** und gezielte Verweise auf **inhaltliche Aspekte** des Romans begründet.

Die Zuordnung zum Genre „Liebesgeschichte“ nimmt er vor, indem er auf die Personenkonstellation und die „mehr oder weniger asymmetrisch[e] [Beziehung]“ (Z. 5) der Protagonisten eingeht. So benennt er sie, um diese **Asymmetrie** zu erklären, nicht mit Namen, sondern verwendet Bezeichnungen, die auf den großen Altersunterschied verweisen. Er spricht von der „etwas ungewöhnlichen Liebesbeziehung zwischen einem Fünfzehnjährigen und einer fünfunddreißigjährigen Straßenbahnschaffnerin“ (Z. 2 f.). Unmittelbar im Anschluss an die Berufsbezeichnung, mit der er Hanna auch schon in der Überschrift vorgestellt hat, klärt er den sozialen Hintergrund Michaels, seine Herkunft aus einem Professorenhaushalt, und verweist so auf ein zweites Merkmal der Asymmetrie. Als drittes Merkmal stellt er der Jugend des Jungen, mit der man Offenheit und Spontaneität verbindet, die Verschlossenheit der Frau gegenüber und erweckt zugleich Interesse durch die Erwähnung des Geheimnisses, das Hanna verbirgt. Mit dem Hinweis „Langsam verdunkelt sich die Geschichte und wird schwerer“ (Z. 7 f.) kennzeichnet er die Entwicklung der asymmetrischen Beziehung, wie Liebesgeschichte sie im ersten Teil des Romans dargestellt wird. Der Titel „Der Vorleser“ wird im ersten Teil der Rezension nur berührt, indem erwähnt wird, wie gern Michael Hanna vorliest und wie sehr sie dies schätzt (Z. 6 f.).

„Bekenntnisbuch“

Die zweite Genrezuordnung, es handle sich um „ein[en] Monolog der Erinnerung, ein persönliches und politisches Grübel- und vielleicht sogar Bekenntnisbuch“ (Z. 20 f.) **stützt der Rezensent** durch Hinweise auf den zweiten Teil des Romans. In diesem Zusammenhang umreißt er knapp den Inhalt dieses Teils, klärt die Rollen, die die Protagonisten hier spielen und verrät das erste Geheimnis Hannas, ihre Tätigkeit als KZ-Aufseherin. Er hebt die Funktion dieses Teils mit dem Hinweis hervor, dass „die Sache [sich nun] in die Zeitgeschichte [wende]“ (Z. 11). Den Charakter „des Bekenntnisbuch[es]“ (Z. 21) verdeutlicht er, indem er erklärt, dass hier die NS-Vergangenheit aufgearbeitet werde, und indem er als Besonderheit die **Mehrschichtigkeit** dieses Romanteils herausstellt, der verschiedene Perspektiven verbinde: „die Perspektive des tief irritierten Studenten, des seiner Gefühle nicht sicheren Liebhabers der Angeklagten und die heutige distanzierte Reflexion“ (Z. 17 f.). Mit der zuletzt genannten meint er die Reflexion des erzählenden Ichs, das mit Abstand auf die Geschehnisse zurückblickt. Der Begriff „Bekenntnisbuch“ bezieht sich überdies auf den Autor Bernhard Schlink, dem Stolleis mit Vorsicht die Verarbeitung eigener Erlebnisse zuspricht. Aus der zweiten Genrezuordnung **leitet er Problemstellungen ab**, die den historisch interessierten Leser zur Lektüre motivieren werden, nämlich die Frage, inwiefern dieser Roman ein „deutsches Schicksal“ (Z. 23 f.) verarbeite und die Frage, ob Michaels Umgang mit der NS-Zeit „generationstypisch“ (Z. 27) sei.

„idealistischer Entwicklungsroman“

Wurde die zweite Genrezuordnung vor allem aus der Verarbeitung der Problematik durch Michael abgeleitet, so **äußert** der Verfasser im dritten Sinnabschnitt **die Frage**, ob der Roman nicht auch ein „idealistischer Entwicklungsroman“ (Z. 35 f.) sei. Er begründet diese noch in Frage gestellte Zuordnung, die er allerdings selbst anzweifelt, mit Hannas „Prozeß der Bewußtwerdung und Reifung [und mit ihrem] Akzeptieren der Schuld durch den eigenen Tod“ (Z. 36 f.). Dieser **Argumentation** gehen eine Offenbarung des zweiten Geheimnisses, das Hanna verborgen hat – sie ist Analphabetin – und Hinweise zu ihrer Auseinandersetzung mit der eigenen Lebensgeschichte in der achtzehnjährigen Haftzeit, in der sie Literatur-Kassetten von Michael erhält und lesen lernt, voraus.

Dass der Verfasser die dritte Genrezuordnung als Frage an sich selbst, aber auch an den Leser richtet und im vierten Abschnitt betont, „[d]iese unlösbaren Fragen werden in der Schwebe gehalten“ (Z. 38), wird den literaturerfahrenen Leser herausfordern, andere

Leser, die eine allzu schwierige Lektüre befürchten, vielleicht aber auch abschrecken.

Geschickt verbindet der Verfasser den Hinweis auf die Bedeutung dieser Fragen sogleich mit der Bewertung der Sprache Schlinks als „einfühlsame und transparente Sprache […] von oft erstaunlicher Präzision“ (Z. 39 f.), wendet aber einschränkend ein, der „kritisch und selbstkritisch reflektierende Jurist überdecke gelegentlich den genuinen Schriftsteller“ (Z. 42 f.). Er relativiert diese Kritik aber sogleich wieder durch das Lob, der Roman sei „eine runde Geschichte“ (Z. 44) geworden, dem er den Neugier erweckenden Hinweis, dies sei Schlinks „persönlichstes Buch“ (Z. 47), folgen lässt und so auf mögliche Geheimnisse des Autors anspielt, die „seine Sache, nicht die des neugierigen Lesers [sei]“ (Z. 48). Sprache Schlinks

Die positive Bewertung und Empfehlung des Romans durch den Rezensenten lassen sich daran erkennen, dass Stolleis durch die vorsichtig vorgenommenen Genrebestimmungen auf die **Vielschichtigkeit** des Romans verweist sowie die **Qualität der Sprache** würdigend hervorhebt. Der Appell an die Neugier seiner Leserschaft verdeutlicht, dass Stolleis mit seiner Rezension potenzielle Leser für den Roman interessieren will. Diesen Effekt erzielt er auch durch Schlüsselwörter wie „pikant“ (Z. 1), „ungewöhnliche Liebesbeziehung“ (Z. 2), „Geheimnis“ (Z. 6), „persönlichstes Buch“ (Z. 47) und dadurch, dass er Angaben zu den Protagonisten und zum Plot verzögert preisgibt und zum Teil sogar offen lässt. positive Bewertung

Der Titel der zweiten Rezension, „Das Monster als Mensch“, wirkt wesentlich reißerischer als die entsprechende Überschrift der Besprechung in der „FAZ“. Auffällig ist die **Antithetik**, die Erstaunen weckt und zum Weiterlesen reizt. Zwei eigentlich unvereinbare Begriffe werden kombiniert, die die Frage aufwerfen, wie ein Monster einem Menschen gleichgestellt werden kann. Analyse der 2. Rezension

Rätsel gibt auch der Untertitel „Zu zeitlos, um konkret zu sein: Bernhard Schlinks parabelnde Annäherung an eine analphabetische Ex-KZ-Wärterin“ auf. Im ersten Teil dieses Hinweises wird Kritik am Roman durch die Verbindung des Adverbs „zu“ mit dem Adjektiv „zeitlos“ laut, die dem Roman einen zu hohen Grad an Zeitlosigkeit unterstellt, der zu Lasten der Konkretheit gehe. Im zweiten Teil scheint dieses negative Urteil durch die Verwendung des Fachbegriffs „**Parabel**“ im Zusammenhang mit dem Roman „Der Vorleser“ aufgehoben zu werden. Allerdings stellt sich hier die berechtigte Frage, ob die Konstellation „parabelnde Annäherung“ (Untertitel) nicht eher als abschätzige Wertung des Romans verstanden werden kann. Untertitel

Diese rätselhaften Andeutungen wecken ebenso das Leserinteresse wie der Hinweis auf die mangelnde Konkretheit, die sich in der Gestaltung der zwei Themenbereiche Analphabetismus und NS-Zeit widerspiegelt. Überschrift und Untertitel bewirken wie bei der Rezension aus der „FAZ“ Neugier, sind bei Michalzik aber deutlich kritischer und negativer formuliert.

Der Rezensent **führt** gleich zu Beginn **seine erste These an**, „[d]ie Stärke von Bernhard Schlinks Buch ist sein Plot“ (Z. 1), die er im nachfolgenden 1. Teil der Rezension (Z. 1–20) zu **stützen** versucht. Im zweiten Teil (Z. 21–28) stellt er eine **weitere These** auf: „Die Provokation des Buches liegt in dem positiven Blickwinkel, aus dem Hanna, ein Mensch, den die Zeitungen damals als Monster bezeichnet hätten, beschrieben wird“ (Z. 21 f.) und **argumentiert** entsprechend, um anschließend im 3. Abschnitt (Z. 29–39) in Anbindung an den Untertitel seine **dritte These** zu formulieren: „Die Schwäche des Buches ist seine parabelnde Zeitlosigkeit“ (Z. 29), was er abschließend anhand ausgewählter Kritikpunkte zu **belegen** sucht.

Aufbau Argumentation

Als **Argument für die Stärke des Plots** führt der Rezensent eine knappe chronologisch aufgebaute Inhaltsangabe (Z. 1–20) an, die mit Hannas Eintritt in die SS beginnt. In seiner inhaltlichen Zusammenfassung bleibt der Rezensent vorwiegend sachlich, spart wertende Begriffe aus und konzentriert sich vor allem auf die Darstellung von Geschehnissen, worauf die Verwendung von Verben, die Vorgänge und Tätigkeiten bezeichnen, schließen lässt. Einzig zwei Wertungen nimmt er vor, indem er betont, bei Hannas und Michaels Verhältnis handle es sich um eine „Liebesbeziehung, die das Leben des Erzählers bestimm[e]“ (Z. 10 f.) und „[u]npersönlich und doch innig leb[e] die Beziehung im Vorlesen fort“ (Z. 19 f.), womit er die Haftzeit Hannas bezeichnet. Fragwürdig erscheinen in diesem Zusammenhang die interpretierenden Begriffe „Liebesbeziehung“ und „innig“. Schließlich würde man im umgekehrten Fall, in dem ein Mann von Mitte 30 ein junges Mädchen verführt und verlässt, von sexuellem Missbrauch sprechen. Außerdem könnte man Michael durchaus eine gewisse Hörigkeit Hanna gegenüber attestieren, ließ er sich doch sogar von ihr schlagen und kam dennoch sein Leben lang nicht von ihr los.

1. Abschnitt

Geschickt weckt der Rezensent innerhalb seiner Inhaltsangabe das Leserinteresse durch die Verwendung von **Schlagwörtern** wie „Geheimnis“ (Z. 14 f.) oder „Liebesbeziehung“ (Z. 10), durch Hinweise zu Hannas Analphabetismus sowie durch **Leerstellen**, durch die er vermeidet, zuviel vorwegzunehmen. So bleiben Fragen offen wie z. B.: Was hat der Analphabetismus mit der Tätigkeit Hannas als KZ-Wärterin zu tun? Wodurch wurde die Beziehung nach drei Monaten beendet? Wie endet der Roman? Anders als Stolleis legt Michalzik den Schwerpunkt der Paar-Beschreibung in seiner Inhaltsangabe nicht auf die Asymmetrie, sondern vor allem auf die Entwicklung der Beziehung und ihr Fortleben während Hannas

Gefängnisstrafe. Er entwirft dadurch ein positives Bild der Beziehung.

Der 2. Abschnitt dient dazu**, die These** „[d]ie Provokation des Buches lieg[e] in dem positiven Blickwinkel, aus dem Hanna, ein Mensch, den die Zeitungen damals als Monster bezeichnet hätten, beschrieben [werde]" (Z. 21 f.) **zu untermauern**. Um seine **Behauptung,** Hanna werde als positive Figur dargestellt**, zu stützen**, führt der Rezensent die Opferrolle an, in der Schlink sie zeige. Diese Rollenverteilung **meint** er vor allem in Hannas Versuch **zu erkennen**, ihre Behinderung zu kaschieren, was sie „zu einer ängstlichen, unbewussten, Peinigungen der Umwelt hilflos ausgesetzten Person [gemacht habe]" (Z. 26 f.). Als weiteres Argument für diese These führt der Rezensent an, „[a]uch die Liebesgeschichte dien[e] bei Schlink vor allem dazu, Hanna positiv zeichnen zu können" (Z. 27 f.). 2. Abschnitt

Im dritten Abschnitt geht es dem Rezensenten darum, **seine These**, „die Schwäche des Buches [sei] seine parabelnde Zeitlosigkeit. Das Konkrete finde […] nicht statt" (Z. 29 f.) **zu erhärten**. Hierzu führt er **das Argument** an, der Roman schweife dauernd „in philosophische Erwägungen" (Z. 31) ab. **Als Beleg** dient ihm der Hinweis, „[d]ie kurzen Kapitel ende[ten] meist mit allgemeinen Einlassungen über Verstrickung, Schuld und das Leben als solches" (Z. 31 ff.). In diesem Zusammenhang erhebt er den allgemein gehaltenen Vorwurf, es käme nicht „[z]u einer Aussprache oder Konfrontation" (Z. 33), den er auch als Argument für die These heranzieht, „[d]as Konkrete finde nicht statt" (Z. 29 f.). **Diese These erweitert** Michalzik in den letzten Zeilen durch die Behauptung, Schlink überlasse sich einer „Vermeidungsstrategie" (Z. 36), nur scheinbar sei sein Roman eine „Metapher für das Land des Schweigens, in dem wir gegenüber den Taten unserer Väter und Großväter im ‚Dritten Reich' noch immer verharr[t]en" (Z. 34 f.). Er **bewertet** dieses angebliche Vorgehen Schlinks als „unverständlich" (Z. 37), **fügt aber das Zugeständnis an**, der Roman sei sonst „nicht unraffiniert" (Z. 37). Der Rezensent empfindet die harmlos und menschlich beschriebene Hanna als Provokation und als Monster. Sie ist ihm vor dem Hintergrund der Tatsache, dass sie schließlich Menschenleben auf dem Gewissen hat, zu positiv gezeichnet. Michalzik **hält** Schlink in seiner Rezension **vor**, diese Thematik nicht entsprechend behandelt zu haben und **bemängelt**, dass sich der Ich-Erzähler nur beschreibend äußert und die Konfrontation, die kritische Auseinandersetzung mit Hannas dunkler Vergangenheit, scheut und verweigert. Hierin sieht er auch eine „Vermeidungsstrategie" des Autors, die er Schlink in seiner Rezension **zum Vorwurf macht**. Der **Vergleich** „der melancholischen Tragik, die […] durch 3. Abschnitt die Zeilen walle“ (Z. 38 f.) mit „Novembernebel“ (Z. 39) dient einer abschließenden negativen Bewertung, die auf vorangegangenen Ausführungen zur Schwäche des Romans beruht.

Kritische Bewertung

Die Neugier erweckenden Schlagwörter der Inhaltsangabe, die dort vorhandenen Leerstellen, die die Phantasie des Lesers anregen, die Schlagwörter des zweiten und dritten Abschnitts, z. B. „Provokation“ (Z. 21) und „Monster“ (Untertitel und Z. 22), sowie die Hinweise auf die Stärke des Romans, den Plot, und die inhaltliche Füllung des Begriffs „Provokation“ in den Zeilen 21–28 sollen hingegen trotz der geäußerten Kritik Leseanreize schaffen.

*Bei dem geforderten **Vergleich** liegt der Schwerpunkt zunächst auf der Frage nach wesentlichen Gemeinsamkeiten und Unterschieden der beiden Texte. Anhand der Analyseergebnisse, die Sie zuvor erarbeitet haben, sollte es Ihnen leicht fallen, diese Aspekte herauszustellen. Die **kritische Stellungnahme** zu den Rezensionen baut anschließend darauf auf, zu welchem Ergebnis Sie in Ihrem Vergleich kommen und stellt zusammen mit einer eigenen Bewertung des Romans einen sinnvollen Schluss für Ihren Aufsatz dar.*
Sie sollten die Rezensionen dabei nicht von den Erwartungen des Lesers her beurteilen, sondern die sprachliche und argumentative Gestaltung in Ihrer Stellungnahme entsprechend berücksichtigen.

Vergleich

Ein abschließender Vergleich zeigt deutlich **Gemeinsamkeiten** und **Unterschiede** der beiden Rezensionen auf.
Michael Stolleis versucht eine recht differenzierte Genrebestimmung und verdeutlicht in diesem Zusammenhang die Thematik bzw. Problematik des Romans gerade soweit, wie es erforderlich ist, um Interesse zu wecken. Geschickt bezieht er den literarisch geschulten Leser in seine Bestimmungsversuche mit ein und motiviert ihn so zum Lesen. Durch kunstfertige Hinweise zur Qualität der Sprache und einige Anspielungen auf Parallelen zwischen Autor und Protagonisten weckt er die Neugier der Leser zusätzlich. Die Rezension ist klar aufgebaut, jedoch inhaltlich nur zu verstehen, wenn man über eine literarische Vorbildung verfügt.
Michalzik spricht zwar auch eine Empfehlung aus, indem er den Plot als die Stärke des Romans hervorhebt und auf die „Provokation des Buches“ (Z. 21) [s. o.] abzielt. Jedoch stellt er am Ende vermeintliche Schwächen des Romans heraus, die durch ihre Endstellung innerhalb der Rezension dem Leser präsenter bleiben. Mit dem Vorwurf der „parabelnde[n] Zeitlosigkeit“ spricht er dem Roman eine wesentliche Qualität ab. Er sieht ihn offenbar als eine lesenswerte Geschichte, der aber der Tiefgang fehle, da eine fundierte Auseinandersetzung mit der Schuldfrage, die auch die heutige Generation noch zu leisten hat, nicht zu erkennen sei.

Meines Erachtens trifft die Rezension in der „FAZ“ **wesentliche Elemente** des Romans und weckt das Interesse der Leser. Dabei wird vor allem das Interesse der Zielgruppe, die Schlink offenbar vor Augen hatte, der intellektuell geschulte Leser, angesprochen. Dies gelingt vor allem dadurch, dass Stolleis die Frage nach der Genrebestimmung in den Mittelpunkt stellt und fundierte Zuordnungen vornimmt. Gleichzeitig gibt er notwendige und Interesse erweckende Informationen zum Inhalt, zur Problematik und zum Hintergrund des Romans und macht durch Anspielungen auf Schlinks Biografie, die möglicherweise die Gestaltung des Romans beeinflusste, neugierig auf die Lektüre.

persönliche Einschätzung

Die Rezension in der „taz“ erweckt zunächst den Anschein einer fundierten Auseinandersetzung mit Schlinks Roman, da sie Schwächen und Stärken ausführlich gegenüberstellt und viele Informationen zum Inhalt enthält. Die **Deutung**, die der Verfasser im Anschluss an seine Inhaltsangabe gibt, ist aber meiner Meinung nach anzuzweifeln. Sie bleibt sehr **an der Oberfläche** und **wirkt** durch das Spiel mit den Begriffen „Mensch“ für Hanna als Opfer ihres Analphabetismus und „Monster“ für Hanna als KZ-Wärterin **plakativ**. Meines Erachtens wird Hanna auch negativ als Täterin dargestellt, vor allem an Stellen, an denen ihr fragwürdiges Umgehen mit Michael geschildert wird. Die Provokation hält sich somit in Grenzen. Der Nachweis der „parabelnde[n] Zeitlosigkeit“ (Z. 29) ist zu vordergründig gestaltet. Hier verliert sich der Rezensent in zu vagen Formulierungen und ersetzt Belege durch unbewiesene Behauptungen zur „Schwäche des Buches“ (Z. 29).

Aus diesen Gründen scheint mir Michael Stolleis’ Besprechung in der „FAZ“ sprachlich und argumentativ überzeugender gestaltet.

Leistungskurs Deutsch (Nordrhein-Westfalen) – Übungsaufgabe 3: I C: Vergleichende Analyse eines Sachtextes und eines literarischen Textes

Arbeitsgrundlagen:
1. Harald Weinrich, *Können Wörter lügen*
2. Gotthold Ephraim Lessing, *Emilia Galotti* (1. Aufzug, 6. Auftritt)

Aufgabe:
Analysieren Sie die vorliegenden Texte vergleichend im Hinblick auf die im Sachtext genannten Thesen.

Erlaubte Hilfsmittel: ein Wörterbuch der deutschen Rechtschreibung und unkommentierte Ausgabe von *Emilia Galotti*

Harald Weinrich (geb. 1927)
Können Wörter lügen? (Auszug)

„Ihr Mann ist tot und läßt Sie grüßen." Diese Botschaft Mephistos an Frau Marthe Schwerdtlein ist eine Lüge. Mephisto weiß nichts davon, ob Herr Schwerdtlein tot ist, und jedenfalls hat er keine Grüße von ihm auszurichten. Die meisten Lügen sind von dieser Art. Sie sind Sätze. Es besteht kein Zweifel, daß man mit Sätzen lügen kann.

Aber kann man auch mit Wörtern lügen? Ich meine jetzt natürlich nicht eine gedachte Situation, in der Mephisto beispielsweise auf eine Frage oder einen fragenden Blick der Frau Marthe nur sagte: „Tot." In solcher Situation und determiniert durch den Kontext des Dialogs, ist die Bedeutung des Wortes „tot" mit aller Deutlichkeit eingeschränkt. Es kann gar kein Zweifel aufkommen, daß aus dem weiten Bedeutungsumkreis des Wortes „tot" hier nur die eine Meinung gültig sein soll, die sich auf das Hinscheiden des fernen Herrn Schwerdtlein bezieht. [...]

Gemeint ist vielmehr die Frage, ob Wörter, rein für sich genommen, lügen können, ob eine Lüge der Wortbedeutung als solcher anhaften kann. Das nämlich wird oft behauptet. Ich führe drei Zeugnisse an.[1] [...]

Es besteht kein Zweifel, daß Wörter, mit denen viel gelogen worden ist, selber verlogen werden. Man versuche nur, solche Wörter wie „Weltanschauung", „Lebensraum", „Endlösung" in den Mund zu nehmen: die Zunge selber sträubt sich und spuckt sie aus. Wer sie dennoch gebraucht, ist ein Lügner oder Opfer einer Lüge. Lügen verderben mehr als den Stil, sie verderben die Sprache. Und es gibt keine Therapie für die verdorbenen Wörter; man muß sie aus der Sprache ausstoßen. Je schneller und vollständiger das geschieht, um so besser für unsere Sprache.

Aber wie ist es eigentlich möglich, daß Wörter lügen können? Lügen auch die Wörter „Tisch", „Feuer" und „Stein"? Es ist doch gewiß, daß die Tyrannen, die uns Jahr um Jahr belogen haben, auch diese Wörter in den Mund genommen haben. [...]

Nicht jedes Wort kann nämlich lügen. Und es ist auch nicht so, wie eine oberflächliche Betrachtung suggeriert, daß etwa die abstrakten Wörter lügen könnten, die konkreten nicht. Die semantische Grenze zwischen Wörtern, die lügen können, und solchen, die es nicht können, verläuft woanders.

Wir werfen einen Blick auf zwei Wörter der deutschen Sprache, mit denen viel gelogen worden ist. Ich meine das Wort „Blut" und das Wort „Boden". Beide Wörter können heute so unbekümmert gebraucht werden wie eh und je. Man lügt nicht mit ihnen und wird nicht mit ihnen belogen. Aber es ist keinem Deutschen mehr möglich, die beiden Wörter zu verbinden. Mit „Blut und Boden" kann man nur noch lügen, so wie man eh und je mit dieser Fügung gelogen hat. Liegt das vielleicht an dem Wörtchen „und"? Nein, dieses Wörtchen ist ganz unschuldig. Es liegt daran, daß die beiden Wörter „Blut" und „Boden", wenn sie zusammengestellt werden, sich gegenseitig Kontext geben. Der Kontext „und Boden" determiniert die Bedeutung des Wortes „Blut" auf die nazistische Meinung hin, und ebenso wird die Bedeutung des Wortes „Boden" durch den Kontext „Blut und" im nazistischen Sinne determiniert. Der Sprecher befindet sich nicht mehr am Bedeutungspol, sondern hat durch den Kontext einen Wert auf der semantischen Skala gewählt, der zwischen dem Bedeutungspol und dem Meinungspol liegt. Etwa dort, wo auch der Wert der Begriffe liegt.

Dies nun gilt allgemein. Wörter, die man sich ohne jede Kontextdetermination denkt, können nicht lügen. Aber es genügt schon ein kleiner Kontext, eine „und"-Fügung etwa, daß die Wörter lügen können. Begriffe sind nun von der Art, daß sie überhaupt erst durch einen Kontext zustande kommen. Ohne Definition kein Begriff. [...]

Begriffe können folglich lügen, auch wenn sie für sich allein stehen. Sie stehen nämlich nur scheinbar allein. Unausgesprochen steht ein Kontext hinter ihnen: die Definition. Lügende Wörter sind fast ausnahmslos lügende Begriffe. Sie gehören zu einem Begriffssystem und haben einen Stellenwert in einer Ideologie. Sie nehmen Verlogenheit an, wenn die Ideologie und ihre Lehrsätze verlogen sind.

Manchmal kann man die Wörter der Lüge überführen. „Demokratie" ist ein Wort der deutschen Sprache, das Begriffsrang hat. Demokratie ist nämlich nach dem Sprachgebrauch definiert als eine Staatsform, in der die Staatsgewalt vom Volk ausgeht und nach bestimmten politischen Regeln an frei gewählte Repräsentanten delegiert wird. (Die bloße Etymologie des Wortes Demokratie ist nicht ausreichend.) Wer eine Staatsform will, in der die Gewalt nicht vom Volk ausgeht und nicht nach bestimmten politischen Regeln an frei gewählte Repräsentanten delegiert wird und wer dennoch das Wort „Demokratie" für diese Staatsform verwendet, der lügt. Wer zudem noch, um seine Glaubwürdigkeit zu erhöhen, „Volksdemokratie" sagt, lügt noch mehr. Aber er verrät sich auch noch mehr. [...]

Aus: Harald Weinrich: Linguistik der Lüge. Heidelberg: Lambert Schneider 1970, S. 34–38

Anmerkung:
1 Weinrich bezieht sich im Nachfolgenden u. a. auf Brechts Auseinandersetzung mit der Sprache des Nationalsozialismus

Zusatzinformationen
Das Begriffspaar **Blut und Boden** stellt einen der Kernpunkte der nationalsozialistischen Ideologie dar. Sein Ursprung ist allerdings schon in den frühen Jahren des Nationalsozialismus zu suchen. Blut und Boden (BuB) war die nationalsozialistische Formel, hinter der der Gedanke der Bildung einer neuen „Herrenrasse“ aus dem angeblich rassisch besonders gesunden deutschen Bauerntum stand, und ist ein zentraler Begriff in der Schrift „Neuadel aus Blut und Boden“ des NS-Politikers Richard Walter Darré. Zur Durchsetzung des BuB-Gedankens gehörten die Eroberung von „Lebensraum“ im Osten (Polen, Ukraine, Russland usw.) und die Versklavung, Vertreibung und Vernichtung von Menschen, die als „rassisch minderwertig“ galten. Diese BuB-Ideologie war Teil des Programms der „bevölkerungspolitischen Neuordnung“ der SS. Nach dem Niedergang des Nationalsozialismus blieb der BuB-Gedanke in Teilen des rechtsextremen politischen Spektrums erhalten.

Gotthold Ephraim Lessing (1729–1781)
Emilia Galotti (1. Aufzug, 6. Auftritt; Auszug)

MARINELLI. Retten? ist da viel zu retten? – Was Sie versäumt haben, gnädiger Herr, der Emilia Galotti zu bekennen, das bekennen Sie nun der Gräfin Appiani. Waren, die man aus der ersten Hand nicht haben kann, kauft man aus der zweiten: – und solche Waren nicht selten aus der zweiten um so viel wohlfeiler.

DER PRINZ. Ernsthaft, Marinelli, ernsthaft, oder –

MARINELLI. Freilich, auch um so viel schlechter – –

DER PRINZ. Sie werden unverschämt!

MARINELLI. Und dazu will der Graf damit aus dem Lande. – Ja, so müßte man auf etwas anders denken. –

DER PRINZ. Und auf was? – Liebster, bester Marinelli, denken Sie für mich. Was würden Sie tun, wenn Sie an meiner Stelle wären?

MARINELLI. Vor allen Dingen eine Kleinigkeit als eine Kleinigkeit ansehen – und mir sagen, daß ich nicht vergebens sein wolle, was ich bin – Herr!

DER PRINZ. Schmeicheln Sie mir nicht mit einer Gewalt, von der ich hier keinen Gebrauch absehe. – Heute, sagen Sie? schon heute?

MARINELLI. Erst heute – soll es geschehen. Und nur geschehenen Dingen ist nicht zu raten. – *(Nach einer kurzen Überlegung.)* Wollen Sie mir freie Hand lassen, Prinz? Wollen Sie alles genehmigen, was ich tue?

DER PRINZ. Alles, Marinelli, alles, was diesen Streich abwenden kann.

MARINELLI. So lassen Sie uns keine Zeit verlieren. – Aber bleiben Sie nicht in der Stadt. Fahren Sie sogleich nach Ihrem Lustschlosse, nach Dosalo. Der Weg nach Sabionetta geht da vorbei. Wenn es mir nicht gelingt, den Grafen augenblicklich zu entfernen: so denk ich – Doch, doch; ich glaube, er geht in diesem Falle gewiß. Sie wollen ja, Prinz, wegen Ihrer Vermählung einen Gesandten nach Massa schicken? Lassen Sie den Grafen dieser Gesandte sein; mit dem Bedinge, daß er noch heute abreiset. –Verstehen Sie?

DER PRINZ. Vortrefflich! – Bringen sie ihn zu mir heraus. Gehen Sie, eilen Sie. Ich werfe mich sogleich in den Wagen. *(Marinelli geht ab.)*

Aus: Reclam, Stuttgart 1994, S. 14, Z. 33 (Der Prinz. Mit einem Wort …)–Ende des Aufzugs Szene I, 6

Hinweise und Tipps

Voraussetzung:
Die Aufgabe basiert auf Ihrer Kenntnis des Dramas „Emilia Galotti" und Ihrer Beschäftigung mit dem Thema „Sprechen, Denken, Wirklichkeit". Außerdem sollten Sie sich mit den verschiedenen Möglichkeiten, Texte vergleichend zu analysieren, vertraut gemacht haben (s. S. 7ff.).

Der „Lösungsvorschlag" orientiert sich an der reihenden Methode.
Die Einleitung sollte
- *Textsorten (sprachtheoretischer Text, Dramenauszug),*
- *thematische Gemeinsamkeit/Zusammenhang zwischen beiden Texten (**Manipulation durch Sprache**),*
- ***Intention und Adressaten** (Aufklärung über die Macht der Sprache, setzt gebildeten Adressaten voraus) umfassen.*

Im vorliegenden Fall ist es ratsam, beim Vergleich mit der Analyse des Sachtextes zu beginnen, um dann den Dramenauszug hinsichtlich der im Sachtext genannten Thesen analysieren zu können. Orientieren Sie sich dabei an den „Fragen, die bei der Analyse von Sachtexten zu beachten sind" (s. S. 5f.)
*Es ist sinnvoll, wenn Sie im Hauptteil den **Aufbau des Auszugs** kennzeichnen und dabei dem Leser Ihrer Analyse den **Inhalt** und die **Funktion der Sinnabschnitte** klar machen. Wichtig ist, dass Sie genau untersuchen und durch treffende Formulierungen verdeutlichen, wie Weinrich seine Gedanken entfaltet und verknüpft, wo er z. B. **Thesen** aufstellt, **Argumente** anführt, **Erklärungen** gibt, **Rückbezüge** herstellt, usw.*
Die Funktion bzw. Wirkung sprachlich-rhetorischer Auffälligkeiten sollten Sie im Sinne der Aufgabenstellung ebenfalls erarbeiten. Dies können Sie entweder in die Ausführungen zur Argumentationsstruktur integrieren oder an diese anschließen.
*Hierauf sollte **im zweiten Teil des Hauptteils** die Analyse des literarischen Textes erfolgen. Ordnen Sie den Auszug zunächst kurz in den **Zusammenhang des Dramas ein**. Anschließend sollten Sie untersuchen, in welcher Weise die Thesen, die im Sachtext von Weinrich entwickelt werden, auch auf den vorliegenden Dramenauszug zutreffen und welche Reaktion Lessing von dieser Gestaltung der Szene erwartete bzw. welche Intention er verfolgte.*
Versuchen Sie innerhalb Ihrer Ausführungen zum Szenenauszug immer wieder an geeigneten Stellen Bezüge zum Sachtext herzustellen, um Zusammenhänge und Unterschiede, die zwischen den Texten bestehen, zu verdeutlichen.
In Teil 3 des Hauptteils werden die Vergleichsergebnisse zusammengefasst. Wichtig ist dabei, dass Sie auf die Analyseergebnisse beider Textauszüge zurückgreifen und daran aufzeigen, inwiefern sich in dem Auszug aus Lessings Drama Beispiele für Weinrichs Thesen finden lassen.
Beim Schluss können Sie beispielsweise Bezüge zu weiteren Beispielen des in den Texten thematisierten Sprachgebrauchs herstellen, z. B. zur Sprache der Politik oder der Werbesprache.

Lösungsvorschlag

Einleitung

In dieser Arbeit werden ein sprachtheoretischer Text aus der Nachkriegszeit und ein Auszug aus Lessings bürgerlichem Trauerspiel „Emilia Galotti", das der Epoche der Aufklärung angehört, vergleichend analysiert.
Die Frage „Können Wörter lügen?", die der Sachtext thematisiert, wird im vorliegenden Dramenauszug anhand der Redebeiträge Marinellis aufgegriffen und teilweise positiv beantwortet.
Beide Texte verdeutlichen die Bedeutung bzw. die Gefahr von **Sprache als Mittel der Manipulation**. Text 1 richtet sich, wie Inhalt und (Fach-)Sprache erkennen lassen, an eine mit sprachtheoretischen Texten und mit der Sprache des Nationalsozialismus vertraute Leserschaft, Text 2 an ein gebildetes Publikum, dem die höfischen Machtverhältnisse zur Zeit der Aufklärung nicht unbekannt sind.

Hauptteil
Analyse Sachtext

Der sprachtheoretische Text gibt bereits durch den Titel „Können Wörter lügen?" seinen zentralen thematischen Aspekt vor, der in den einzelnen Abschnitten genauer ausgeführt und erläutert wird.

Argumentationsstruktur
1. Abschnitt

Weinrich leitet im ersten Abschnitt des vorliegenden Auszugs (Z. 1–5) seine Beantwortung dieser Frage mit einem **Beispiel** aus Goethes „Faust" ein und zwar mit dem Zitat „Ihr Mann ist tot und lässt Sie grüßen" (Z. 1). Anhand dieses Beispiels, das er kurz erläutert, führt Weinrich die Behauptung, dass man mit Sätzen lügen könne, als allgemein bekannte Tatsache an und bestätigt diese These kurz und prägnant.

2. Abschnitt

Im zweiten Abschnitt (Z. 6–12) **greift er auf die im Titel formulierte Frage** „Können Wörter lügen?" **zurück**, bevor er näher erläutert, wie er diese Frage verstanden wissen will. Hierzu verändert er die Situation aus Goethes „Faust" und lässt Mephisto auf einen fragenden Blick oder eine konkrete Frage der Frau Marthe nur mit dem Wort „Tot" antworten. Eindeutige Lügen wie diese sind Weinrich zufolge nicht Gegenstand seiner Untersuchung.

3. Abschnitt

Zu Beginn des 3. Abschnitts [Z. 13–15] **erklärt** er schließlich exakt, worauf er sich mit seiner Fragestellung bezieht. **Ziel seiner sprachtheoretischen Auseinandersetzung ist es**, untersuchen zu wollen, „ob Wörter, rein für sich genommen, lügen können, ob eine Lüge der Wortbedeutung als solcher anhaften kann" (Z. 13 ff.). Um die Bedeutung dieser Frage aufzuzeigen, beruft er sich auf die oft geäußerte These, Wörter könnten dies durchaus und führt hierzu drei Beispiele für diese **These** an, die im vorliegenden Auszug ausgespart wurden.

4. Abschnitt

Seine **These bekräftigt** er im anschließenden 4. Abschnitt [Z. 16–22] zusätzlich durch die Aussage, dass Wörter, die oftmals Bestandteil einer Lüge waren, selbst verlogenen Charakter annehmen würden und belegt dies durch das Anführen von drei Beispielen aus dem nationalsozialistischen Sprachgebrauch: „Weltanschauung", „Lebensraum" und „Endlösung". In diesem Absatz, in dem Weinrich sich mit den Konsequenzen auseinandersetzt, die aus dem Missbrauch solcher Wörter entstehen, weicht er von der Sachlichkeit des bisher gepflegten Stils ab. So drückt er seinen Ekel angesichts solchen Missbrauchs aus durch das Bild, die Zunge sträube sich, man spucke solche Wörter aus. Anschließend leitet er **als Konsequenz** aus dem Hinweis, „Lügen [verdürben] mehr als den Stil" (Z. 20) **die Forderung** ab, solche Wörter müssten aus der Sprache ausgestoßen (Z. 21) und dürften folglich nicht mehr verwendet werden.

Der 5. Absatz [Z. 23–25] dient Weinrich dazu, die **Frage nach den Voraussetzungen dafür zu stellen**, dass Wörter lügen können. In diesem Zusammenhang wirft er die Frage auf, ob auch Wörter, die alltäglich verwendete Gegenstände bezeichnen, einen verlogenen Charakter aufweisen können. 5. Abschnitt

Neben der **Beantwortung dieser Frage** problematisiert er im 6. Abschnitt [Z. 26–29] „die semantische Grenze zwischen Wörtern, die lügen können, und solchen, die es nicht können" (Z. 28 f.). Diesbezüglich schließt er sowohl aus, dass jedes Wort lügen könne, ebenso, dass nur mit abstrakten Begriffen, nicht aber mit konkreten gelogen werden könne (Z. 27 f.). Somit **verwirft** er die Vorstellung, man könne mit jedem Wort lügen und schränkt damit die These, „Wörter, rein für sich genommen, [könnten] lügen" (Z. 13), die er als oft geäußerte Behauptung zuvor aufgegriffen hat, wieder ein. 6. Abschnitt

Am Beispiel der aus dem Nationalsozialismus bekannten Verwendung der Wörter „Blut" und „Boden" entfaltet er im 7. Abschnitt [Z. 30–43] die Voraussetzungen dafür, dass Wörter lügen können. Er **stellt die These auf**, dass mit jedem dieser Wörter, sofern es einzeln gebraucht werde, nicht gelogen werde, dass aber allein die Verbindung mit der Konjunktion „und" schon eine Lüge bewirke. Als **Argument** führt er die Determinierung des Wortes „Blut" durch den Kontext „und Boden" sowie parallel dazu die Determinierung des Wortes „Boden" durch den Kontext „Blut und" an. 7. Abschnitt

Am Ende dieses Absatzes **erklärt** Weinrich diese Determinierung durch den Hinweis auf die semantische Skala, auf der der Sprecher einen Wert wähle, „der zwischen dem Bedeutungs- und dem Meinungspol liegt [und zwar etwa da] wo auch der Wert der Begriffe liegt" (Z. 42 f.). Der Bedeutungspol bezeichnet nach Weinrich das Denotat, also die konventionelle, allgemein verbindliche Bedeutung eines Wortes, das noch nicht verlogen sei. Mit dem Meinungspol hingegen spricht er die Nebenbedeutung, das Konnotat an. Hierzu zählt die gesamte assoziative Bandbreite, die kontextabhängig ist.

Die **verallgemeinernde Feststellung**, Wörter, die in keinen festen Kontext eingebunden seien, könnten folglich auch nicht lügen, leitet den 8. Abschnitt [Z. 44–47] ein, indem Weinrich zur Verdeutlichung nochmals auf das vorher genannte Beispiel **zurückgreift** und auf die Bedeutung des Kontextes, in diesem Fall der Konjunktion „und", verweist. Davon ausgehend **grenzt** Weinrich „Wörter" von „Begriffen" **ab**, indem er die **These** aufstellt, von dem „Wort" unterscheide sich der „Begriff" dadurch, dass er überhaupt erst durch den Kontext zustande komme und erst durch diesen eine feste Definition besitze. 8. Abschnitt

Aus dem Verständnis heraus, dass Begriffe immer durch den sie umgebenden Kontext definiert sind, **leitet Weinrich** zu Beginn des 9. Abschnitts (Z. 49–53) schlussfolgernd **ab**, dass Begriffe lügen könnten, auch wenn sie für sich allein stünden, da sie stets in ein übergeordnetes Begriffssystem eingereiht werden könnten und zumeist ideologisch aufgeladen wären. 9. Abschnitt

Zur **Verdeutlichung seines Ergebnisses** befasst er sich im 10. Abschnitt [Z. 54–63] exemplarisch mit dem Begriff „Demokratie". Anhand der gängigen Definition dieses Begriffes kommt er zu dem Schluss, dass es sich hier um eine eindeutige Bezeichnung handle und erhebt den **berechtigten Vorwurf**, derjenige lüge, der diesen Begriff benütze, ohne damit eine „Staatsform, in der die Staatsgewalt vom Volk ausgeht und nach bestimmten politischen Regeln an frei gewählte Repräsentanten delegiert wird" (Z. 56 ff.) zu meinen. 10. Abschnitt

Weinrich hat in seinem sprachtheoretischen Text einen schwierigen Sachverhalt einleuchtend erklärt. Dem Leser wird deutlich, wie durch den Gebrauch bestimmter Wörter in bestimmten Kontexten bzw. durch die Verwendung bestimmter fest definierter Begriffe gelogen werden kann. Allerdings ist der Text trotz seiner klaren Struktur nur geschulten Lesern zugänglich, was durch den Inhalt, erforderliche Vorkenntnisse und die verwendete Fachsprache bedingt ist. Resümee

Für einen derart vorgebildeten Leser liest sich der Text jedoch durchaus interessant, da er durch die zahlreichen **Fragen**, die Weinrich stellt, und durch die **Verwendung der 1. Person Plural** „Wir werfen einen Blick auf [...]" (Z. 30) in die Entwicklung der Gedanken einbezogen und somit motiviert wird, immer wieder eigene Ansätze zur Beantwortung zu finden, wobei er darüber hinaus gleichzeitig klare Antworten erhält. Das Verständnis wird dabei auch dadurch erleichtert, dass Weinrich treffende Beispiele für seine Thesen wählt (Zitat aus „Faust", Begriffe aus dem Bereich der Geschichte/Politik) und an Bekanntes anknüpft, z. B. durch Formulierungen wie „Es besteht kein Zweifel, daß [...]" (Z. 16). Geschickt schließt er Fehldeutungen durch Erläuterungen zu möglichen Missverständnissen von vornherein aus (s. Z. 6 ff.). sprachlich-rhetorische Mittel

Der Auszug aus Lessings Drama macht den Unterschied zwischen konventionellen Lügen und lügenden Wörtern im Sinne Weinrichs deutlich. In diesem **Teil der Exposition** begegnet der Zuschauer dem Kammerdiener Marinelli und dem Prinzen. Marinelli versucht in dieser Szene vom Prinzen völlige Handlungsfreiheit zu erhalten, um seine Intrige, die die Verführung Emilias durch den Prinzen und die Ermordung Appianis verfolgt, in die Tat umsetzen zu können.

Analyse Dramenauszug

Einordnung in Zusammenhang des Dramas

Im vorangehenden Gesprächsteil hat Marinelli im Hinblick auf Emilias Hochzeit seine Informationen erst nach und nach preisgegeben. Die geplante Vermählung gibt er bereits sehr früh bekannt, während er den Namen der Braut nur zögerlich nennt, um dem Prinzen ein ausführliches Geständnis seiner Liebe zu Emilia zu entlocken.

vorhergehendes Dramengeschehen

Der vorliegende Auszug aus I/6 setzt ein, als der Prinz endgültig weiß, dass Emilia Galotti heiraten wird und Marinelli bittet, ihm zu helfen. Marinelli will den Prinzen dazu veranlassen, ihm bei seinen beabsichtigten Handlungen völlig freie Hand zu lassen. Letztlich verfolgt er, vor allem aus Lust an der Intrige, das Ziel, dem Prinzen Emilia zuzuführen und die Heirat Emilias mit Appiani zu verhindern.

Inhalt des Dramenauszugs

Hier wird bereits offensichtlich, dass der Prinz zwar eigentlich die übergeordnete Rolle innehaben müsste, sich allerdings seinem Kammerdiener Marinelli gegenüber unterordnet, indem er sich von ihm bereitwillig manipulieren lässt. Die **absolutistische Herrschaftsideologie**, die dem zeitlichen Rahmen des Dramas zugrunde liegt, leitet sich vom so genannten Gottesgnadentum des Souveräns her und gibt ihm eine beinahe uneingeschränkte Machtfülle. Nur er steht außerhalb des Gesetzes und ist die alleinige, absolute Herrscherfigur. Dieser Sachverhalt stellt sich im vorliegenden Dramenauszug jedoch wie erwähnt anders dar. Der Prinz **gibt** nicht nur **seinen absoluten Herrschaftsanspruch auf**, indem er sich Marinelli und dessen Intrige unterordnet, sondern fordert seinen Kammerdiener überdies dazu auf, sich in seine Position zu versetzen. Marinellis Reaktion zeigt, dass er diese Aufforderung nicht nur auf die momentane Situation des Prinzen bezieht, sondern generell auf dessen Macht: „[…] und mir/sagen, dass ich nicht vergebens sein wolle, was ich bin – Herr!“ (Z. 12 f.). Der verzögerte Ausruf „Herr!“ am Ende dieser Aussage lässt die Vermutung zu, dass Marinelli weniger den Prinzen, seinen eigentlichen Herrn, mit dieser Ansprache meint, sondern sich vielmehr selbst in der Rolle des Herrschenden sieht. Dies bedeutet eine **völlige Umkehrung** der eigentlichen Ausgangslage, in der sich Prinz und Kammerdiener befinden. Hier lässt sich ein erster Bezug zu Weinrichs Thesen herstellen. Das Wort „Herr“ alleine ist keine Lüge, sondern stellt eine

1. Bezugnahme zu Thesen Weinrichs

heute allgemein übliche Anredeform dar. Zu Zeiten Lessings jedoch wurde „Herr“ nur für Höherstehende, Befehlende verwendet, die sich durch diese Bezeichnung von untergeordneten Personen abgrenzten. Wenn Marinelli diese Anrede dem Prinzen gegenüber gebraucht, ohne in ihm wirklich eine übergeordnete Person zu sehen, lügt er mit diesem Wort, da er es nicht im Sinne des ideologischen Absolutismus verwendet.

Deutung des Dramenauszugs

Marinelli antwortet dem Prinzen auf die Bitte, ihn zu retten, mit der Einwort-Frage „Retten? und der nachgestellten Erweiterung „ist da viel zu retten?“ (Z. 1), die seine Zweifel an einer möglichen Rettung deutlich machen sollen. Er geht dabei allerdings gar nicht auf den Prinzen als denjenigen, der gerettet werden soll, ein, sondern spielt auf Emilias Unschuld an, wie der weitere Zusammenhang erkennen lässt. So spricht er in dem Vorwurf, der Prinz habe versäumt, Emilia seine Liebe zu bekennen, einmal rückblickend von ihr als „Emilia Galotti“ (Z. 2), um sie im gleichen Moment als „Gräfin Appiani“ (Z. 2) zu bezeichnen, der der Prinz nunmehr seine Gefühle gestehen könne.

Marinelli deutet durch die Verwendung dieser zwei unterschiedlichen Bezeichnungen Emilias an, dass sie zwar bis jetzt ihre Unschuld noch bewahren konnte, diese nach der Hochzeit mit dem Grafen Appiani jedoch verlieren wird. Um den Prinzen dazu zu bringen, ihm völlige Handlungsfreiheit zu gewähren, verstärkt Marinelli seine Anspielung noch durch eine **beleidigende Metapher**. Übergangslos erwähnt er in direktem Bezug zu seiner Bezeichnung Emilias als „Gräfin Appiani“ (Z. 2) Waren aus erster und zweiter Hand und spielt damit erneut auf Emilias Unschuld an. Im Sinne Weinrichs determinieren die Gegenüberstellungen der Bezeichnungen „Emilia Galotti“ und „Gräfin Appiani“ auch die Bedeutung von „Waren erster Hand“ (jungfräuliche Emilia) und „Waren zweiter Hand“ (entjungferte Emilia). Den **Komparativ** „um so viel wohlfeiler“ (Z. 4), der die Assoziation, es handle sich um eine Ware, noch verstärkt, setzt Marinelli in diesem Kontext bewusst ein, um auf den Verlust des Wertes, den Emilia nach der Hochzeit für den Prinzen hätte, hinzuweisen.

Den Vorwurf des Prinzen, er werde unverschämt, kann Marinelli aus seiner überlegenen Position heraus und vor dem Hintergrund, dass er scheinbar nur indirekt mit dem Prinzen spricht, überhören und zu einer weiteren Provokation des Prinzen übergehen. So teilt er dem Prinzen mit, dass Emilia das Land bald verlassen werde (Z. 8) und gibt schon vorsichtig durch die Verwendung des **Irrealis** einen Hinweis auf einen möglichen Ausweg: „Ja, so müsste man auf etwas anders denken“ (Z. 8 f.). Das **Indefinitpronomen** „etwas“ eröffnet dabei unbegrenzte Handlungsspielräume.

Durch diese **Anspielungen** provoziert Marinelli die Nachfrage des Prinzen und den Auftrag an ihn selbst, einen Plan zu schmieden. Die Verantwortungslosigkeit, mit der er diesen vorantreibt, überspielt er, indem er die Maßnahmen, die er angedacht hat, zunächst mit dem Indefinitpronomen „etwas" in der Formulierung „etwas anders" (Z. 9) und dann mit dem **bagatellisierenden Begriff** „Kleinigkeit" beschreibt und den Prinzen auffordert, „eine Kleinigkeit als eine Kleinigkeit an[zu]sehen" (Z. 12). Hier kann ein weiterer vorsichtiger Bezug zu den „lügenden Begriffen", von denen Weinrich spricht, gesehen werden: Die „Kleinigkeit" wird später zum Mord an Appiani, wobei Marinelli diese Ausmaße scheinbar billigend in Kauf genommen hat. Statt konkret zu werden und einen möglichen Plan vor dem Prinzen zu entfalten, verspricht Marinelli, „es" solle schon am gleichen Tag geschehen und fordert den Prinzen auf, er solle „alles genehmigen, was [Marinelli] tue" (Z. 18). In der Unbestimmtheit des Personalpronomens „es" und des Indefinitpronomens „alles" liegt die Verschleierung möglicher Gewalttaten. Marinelli hat nunmehr sein Ziel, dass er freie Hand erhält, „alles [zu tun], was diesen Streich abwenden kann" (Z. 19), erreicht. Der Prinz greift das Indefinitpronomen „alles", das ihm Marinelli in den Mund gelegt hat, auf, ohne darüber nachzudenken, welche möglichen Konsequenzen mit dieser Vollmacht verbunden sein könnten. In diesem Kontext rückt auch das Verb „entfernen" in Marinellis Hinweis, er wolle den Grafen „augenblicklich [...] entfernen"(Z. 22 f.), auf der Bedeutungsskala in die Nähe des Verbs „töten". Der weitere Verlauf der Handlung bestätigt diesen Eindruck. Dass der Prinz diese Tragweite überhaupt nicht erkennt, ist aus seinem zustimmenden Ausruf „Vortrefflich" (Z. 27) zu schließen. Marinelli lügt den Prinzen in dieser Situation eindeutig an, indem er ihm gegenüber seine Tötungsabsichten verschleiert. Dabei handelt es sich jedoch um eine **konventionelle Lüge**, die weniger auf dem euphemistischen Gebrauch des Wortes „Kleinigkeiten" (Z. 12) beruht als auf der Tatsache, dass Marinelli sein wirkliches Vorhaben vor dem Prinzen verbirgt. Natürlich beschönigt Marinelli den Mord an Appiani, indem er ihn eine Kleinigkeit nennt. Da dieses Wort allerdings nicht ideologisch aufgeladen ist, lässt es sich auch nicht in Weinrichs Kategorie „lügender Begriffe" einordnen, sondern ist als bloßer Euphemismus zu verstehen, der lediglich die Lügen Marinellis unterstützend begleitet, allein für sich genommen jedoch keine Lüge darstellt.

Vergleich

Der Vergleich beider Textauszüge zeigt **Unterschiede** und **Gemeinsamkeiten** in den Aussagen dieser Texte auf, die sich auf unterschiedliche zeitbedingte politische Gegebenheiten beziehen und unterschiedlichen Textsorten angehören. Weinrichs **theoretische**

Ausführungen, die vor allem vor dem Hintergrund des Nationalsozialismus und entsprechender Propaganda zu verstehen sind, überzeugen durch ihre klare Argumentationsstruktur und wirken u. a. auch durch Zitate (Faust), zentrale geschichtliche und politische Begriffe sowie die verschiedenen Varianten, mit denen die Leser in den Text eingebunden werden, anschaulich („Wir werfen einen Blick auf […]" Z. 30; „Es besteht kein Zweifel, daß […]" Z. 16). Weinrich macht klar, dass Begriffe, die einem bestimmten ideologischen System angehören, zu lügenden Begriffen werden können, wenn sie in einem Sinn verwendet werden, der der ursprünglichen Ideologie und Wortbedeutung zuwiderläuft. Bestimmte ideologisch aufgeladene Wörter wie beispielsweise „Endlösung" können daher nicht mehr benutzt werden, ohne dabei zu lügen. Lessing, der durch die Figurenzeichnung seine Kritik an Missständen seiner Zeit zum Ausdruck bringt, konfrontiert seine Zuschauer mit einem **konkreten Beispiel** der Manipulation und Verlogenheit von Sprache. Er konzentriert sich jedoch weniger auf die Frage, ob und in welchem Ausmaß einzelne Wörter für sich lügen können, sondern stellt anhand Marinellis Redebeiträgen dar, wie Sprache dazu verwendet werden kann, Lügen zu transportieren, ohne diese für alle sichtbar zu machen. **Im Gegensatz** zu Weinrich befasst sich Lessing vor allem mit herkömmlichen Lügen und Unwahrheiten.

Schluss
Aktualität der Texte

Beide Texte sollten **zu der Erkenntnis führen**, welche Macht Sprache besitzt. Gerade die Sprache der Werbung, aber auch die in aktuellen politischen Debatten oder anlässlich von Wahlkampfveranstaltungen verwendete Sprache zeigt deutlich, dass Wörter und Sprache oftmals in entsprechenden Kontexten dazu dienen, die Wahrheit zu verschleiern und den jeweiligen Adressaten der Nachrichten z. B. eine positivere Ausgangslage zu präsentieren, die nicht mit der Realität übereinstimmt. Verharmlosungen und herkömmliche Lügen, wie sie an Marinellis Redebeiträgen deutlich werden, zeigen sich auch in Begriffen wie „Entlassungsproduktivität" oder „Diätenanpassung", mit denen unerfreuliche Sachverhalte wie Massenentlassungen bei großen Wirtschaftskonzernen oder Diätenerhöhungen von Politikern beschönigt werden sollen. Begriffe aus jüngerer Vergangenheit wie „Tätervolk", „Bombenholocaust" oder „Ehrenmord" hingegen sind im Sinne Weinrichs als Lügen zu verstehen, da sie durch den ideologischen Hintergrund, den sie transportieren, bzw. die Konterkarierung des Wortes „Ehre" selbst zu lügenden Begriffen werden.
Sicherlich sind die vorliegenden Texte besonders geeignet zu verdeutlichen, wie **Sprache zur Verschleierung und Manipulation** verwendet werden kann und tragen daher dazu bei, das Bewusstsein der Rezipienten für solche Mechanismen zu schärfen.

Leistungskurs Deutsch (Nordrhein-Westfalen) – Übungsaufgabe 4:
II A: Analyse eines literarischen Textes mit weiterführendem Schreibauftrag

Arbeitsgrundlage:
Martin Opitz, *Ach Liebste, laß uns eilen*

Aufgaben:

1. Interpretieren Sie das Gedicht und erläutern Sie, inwiefern das Gedicht aufgrund seiner sprachlichen und inhaltlichen Gestaltungsweisen in die Zeit des Barock einzuordnen ist.
2. Vergleichen Sie die Darstellung der Liebesbeziehung mit entsprechenden Darstellungen in der Literatur des Epochenumbruchs 18./19. Jahrhundert.

Erlaubte Hilfsmittel: ein Wörterbuch der deutschen Rechtschreibung

Martin Opitz (1597–1639)
Ach Liebste, laß uns eilen

Ach Liebste / laß uns eilen /
Wir haben Zeit:
Es schadet das Verweilen
Uns beyderseit.
Der Edlen Schönheit Gaben
Fliehn fuß für fuß:
Das alles was wir haben
Verschwinden muß.
Der Wangen Ziehr verbleichet /
Das Haar wird greiß /
Der Augen Fewer weichet /
Die Brunst wird Eiß.
Das Mündlein von Corallen
Wird umgestalt /
Die Händ' als Schnee verfallen /
Und du wirst alt.
Drumb laß uns jetzt geniessen
Der Jugend Frucht /
Eh' als wir folgen müssen
Der Jahre Flucht.
Wo du dich selber liebest /
So liebe mich /
Gieb mir / das / wann du giebest /
Verlier auch ich.

Aus: Deutsche Liebeslyrik. Herausgegeben von Hans Wagener. Stuttgart: Reclam Verlag 1982, S. 62f. (RUB 7759)

Hinweise und Tipps

Das Thema, das der Aufgabe zugrunde liegt, gehört zum Pflichtbereich des Leistungskurslehrplans, denn sowohl die Beschäftigung mit Gedichten als auch die Behandlung von Texten aus der Zeit des Barock sind dort vorgeschrieben. Auf grundlegende Kenntnisse zu sprachlichen und inhaltlichen Merkmalen der Barockliteratur sowie zu den politischen und gesellschaftlichen Hintergründen der Epoche sollte daher zurückgegriffen werden können.

Im Zentrum der Aufgabenstellung steht der Operator „Interpretieren". Damit sind im vorliegenden Fall die folgenden Arbeitsschritte gemeint:

- *Klärung des ersten Eindrucks, den das Gedicht auslöst,*
- *Kennzeichnung seiner Thematik,*
- *Gliederung des Gedichts,*
- *Untersuchung der Vers- und Reimform,*
- *Untersuchung, mit welchen Mitteln die beiden Figuren – das lyrische Ich und die angeredete „Liebste" – dargestellt und charakterisiert sind,*
- *Beschreibung der Art der Beziehung zwischen dem lyrischen Ich und der Angeredeten, die im Textverlauf erkennbar wird,*
- *Charakterisierung des Verständnisses von Liebe, das im Gedicht zum Ausdruck kommt.*

Wie bei jeder Interpretation ist auch hier darauf zu achten, dass die Untersuchung der Form kein Selbstzweck bleibt, sondern dass gezeigt wird, wie Form und Inhalt zusammenwirken und gemeinsam an der Aussage des Gedichts beteiligt sind.

*Der Operator **„erläutern"** setzt voraus, dass Sie unter Bezugnahme auf Ihre Kenntnisse zur literarischen Epoche des Barock und auf die vorangegangene Interpretation darlegen, inwiefern das vorliegende Gedicht von Martin Opitz dem Zeitalter des Barock zugerechnet werden kann. Gehen Sie dabei insbesondere auf sprachliche und inhaltliche Gestaltungsweisen ein und belegen Sie Ihre Angaben durch konkrete Bezüge zu dem behandelten Gedicht.*

Lösungsvorschlag

Teilaufgabe 1: erster Eindruck

Das Gedicht *Ach Liebste, laß uns eilen* von Martin Opitz sieht zunächst wie ein Liebesgedicht aus, da ein lyrisches Ich zu einer Frau spricht, diese als „Liebste" bezeichnet wird (V. 1). Im weiteren Verlauf der Lektüre schwindet jedoch dieser Eindruck. Wie es zu dieser veränderten Wahrnehmung kommt und welche Einschätzung an ihre Stelle tritt, soll in dieser Ausführung durch eine genaue Analyse und Interpretation des Gedichts erläutert werden.

Thematik

In dem Gedicht fordert ein nicht weiter beschriebenes lyrisches Ich seine Geliebte auf, die Zeit für die gemeinsame Liebe zu nutzen. Dazu bedarf es aber offenkundig einiger Überredung. Die ausführlichen **Begründungen**, die das lyrische Ich gibt, um die Geliebte zu **überzeugen** und sie zu veranlassen, dem Liebeswunsch nachzukommen, machen den Hauptteil des Textes aus und bilden das eigentliche Thema des Gedichts. Sie stützen sich sämtlich auf Beschreibungen des unausweichlich nahenden Alters, das den Verlust der Schönheit zur Folge haben werde. Durch diese **Argumentation** soll die Dringlichkeit betont werden, die Gegenwart der gemeinsamen Liebe zu widmen.

Gliederung

Das Gedicht beginnt mit einer **Anrede** und schließt mit einem **Appell**. Im Ganzen ergibt sich so eine **dreiteilige Struktur**:
Verse 1–4: Anrede und Aufforderung, die gemeinsame Zeit zu nutzen;
Verse 5–16: Beschreibungen des Verlustes der Schönheit durch das nahende Alter, konkretisiert am Beispiel traditioneller Schönheitsmerkmale wie Haare, Augen, Mund und Hände;
Verse 17–24: Formulierung der appellativen Schlussfolgerung: Genuss der Gegenwart und der Gemeinsamkeit der Liebe.

formale Gestaltung

Das Gedicht ist in einer **einheitlichen Form** gestaltet. Es wechseln sich Verse, die aus drei **Jamben** bestehen, mit Versen ab, die nur zwei Jamben umfassen. Die längeren Verse enden jeweils mit einer unbetonten Silbe, also mit einem sogenannten **weiblichen Versausgang**. Die zweihebigen Verse wirken besonders knapp, weil sie stumpf, also mit betonter Silbe, enden. Der Eile, die schon im Titel genannt wird, entspricht auch die schnelle Abfolge des gleichmäßigen **jambischen Versmaßes**, und der durchgehende **Kreuzreim** unterstützt diesen Eindruck. Die Wahl der **Reimwörter** trägt dazu bei, die **Zäsuren** im inhaltlichen Aufbau hervorzuheben; denn die Reimwörter der ersten vier Verse besitzen durchweg den Vokal *ei*. Erst mit dem zweiten Gliederungsabschnitt in Vers 5 taucht im Reimwort ein neuer Vokal auf. Ähnlich wird in Vers 17 der dritte Gliederungsabschnitt ebenfalls durch einen neuen Vokal im Reimwort betont, während die vier vorangehenden Verse sich sämtlich auf *a* gereimt haben.

zum ersten Abschnitt

Im Gedicht entsteht zunächst die Vorstellung einer **Kommunikationssituation**, indem ein lyrisches Ich seine „Liebste" (V. 1) **anredet** und zur Eile drängt. Die beteiligten Personenrollen bleiben jedoch sehr unbestimmt und gewinnen **keine individuellen Züge**. Über den Sprecher erfährt man gar keine Einzelheiten und auch die Angeredete bleibt ohne persönliche Konturen, denn die ihr zugeschriebenen Merkmale von Schönheit und Jugend sind sehr allgemein.
Bei den Worten des lyrischen Ichs fällt sogleich eine **Paradoxie** auf, die vom Leser entschlüsselt werden muss. Denn einerseits wird die Aufforderung zum „eilen" damit begründet, dass ein „Verwei-

len“ für beide Partner schädlich sei (V. 1 und 3 f.), andererseits wird direkt dagegengesetzt: „Wir haben Zeit“ (V. 2). Zu Beginn des Gedichtes wird somit keineswegs eine gefühlsbetonte Gesprächssituation hergestellt, die den Leser zur Identifikation einlädt, wie es die anfängliche Anrede „Liebste“ vermuten ließ. Vielmehr wird der Leser durch das paradoxe Nebeneinander zweier scheinbar miteinander unvereinbarer Äußerungen dazu herausgefordert, sich intellektuell, verstandesbetont mit der Situation auseinanderzusetzen.
Die Paradoxie lässt sich auflösen, wenn man sich zwei verschiedene **Bedeutungsschichten des Begriffes *Zeit*** vergegenwärtigt: einmal als sich abspulende Lebenszeit und zum anderen als gerade zur Verfügung stehende Zeit, als Gelegenheit zu etwas.

Aussageabsicht

Vor dem Hintergrund dieser Überlegung wird die Aussageabsicht des lyrischen Ichs in ihrem logischen Zusammenhang erkennbar: Das Ich mahnt angesichts des unaufhaltsamen Ablaufs der Lebenszeit zur Eile und weist zugleich auf die aktuell vorhandene Zeit hin, die von beiden genutzt werden sollte.
Worauf die Mahnungen des Ichs abzielen, wird an dieser Stelle des Gedichts noch nicht offen gesagt; es bleibt hinter der **Zeit-Metaphorik** versteckt und lässt sich vom Leser nur erahnen, wenn er die Personenkonstellation des Gedichts und die bedeutungsvolle Anrede „Ach Liebste“, mit der der Text einsetzt, bedenkt.

Vorwegnahme des letzten Gedichtabschnitts

Erst der letzte Gliederungsabschnitt des Gedichts gibt darüber genaue Auskunft, weshalb an dieser Stelle kurz auf ihn vorgegriffen werden soll. Hier konkretisiert das Ich mit dem Wort „geniessen“ (V. 17), worum es ihm geht, und spricht die Aufforderung „So liebe mich“ (V. 22) ausdrücklich aus.

zum zweiten Abschnitt

Doch zunächst bleibt dieser Endzweck der Ansprache offen. Im gesamten zweiten Abschnitt bietet das lyrische Ich zunächst einmal eine **Reihe von Begründungen**, um die Berechtigung seiner anfänglichen Behauptung zu unterstreichen. Der Sprecher **argumentiert** mit der Vergänglichkeit der Schönheit und **variiert** diesen Grundgedanken **in reihenden, weitgehend parallel strukturierten Aussagen**.
Versmaß und Reimschema unterstützen in ihrer **gleichmäßigen Abfolge** die Eindringlichkeit der Worte des Sprechers.
In den Versen 5 bis 8 werden zunächst Aussagen über menschliche Schönheit und materiellen Besitz mit grundsätzlichen Feststellungen über deren Verlust und Vergänglichkeit konfrontiert, die als unvermeidlich – „muß“ (V. 8) – bezeichnet werden.
Dann wendet sich das lyrische Ich beispielhaft einigen Einzelheiten der körperlichen Gestalt zu. Dabei nennt das Ich zunächst jeweils Körperteile – „Wangen“, „Haar“, „Augen“, „Mündlein“ und „Händ’“ (V. 9, 10, 11, 13, 15) –, die für die Wirkung von Schönheit

bedeutsam sind, und unterstreicht mithilfe von **metaphorischen Aussagen** ihren Wert. Die hierbei verwendeten **Bilder** stehen ganz in der Tradition des **Petrarkismus**, der jahrhundertelang die einflussreichste **Formensprache der europäischen Liebeslyrik** darstellte. Petrarca war ein italienischer Dichter, der Mitte des 14. Jahrhunderts volkssprachliche Lyrik – also keine lateinische Gelehrtendichtung, die bis ins 17. Jahrhundert überwog – schuf. In seinen Gedichten entwarf er einen regelrechten **Katalog von Schönheitsmerkmalen**, die einzeln aufgezählt und mit oft feststehenden Bildern veranschaulicht wurden (der Purpurmund, die Marmorwangen, die Korallenlippen und so fort). Aus diesen Details setzte sich dann das Gesamtbild der verherrlichten Frau zusammen.

Positionierung des Gedichts in der Tradition der petrarkischen Liebeslyrik

Opitz greift viele dieser eingeführten Attribute auf, stellt ihnen jedoch als **Antithese** jeweils einen abwertenden Kontrast entgegen, der den Eindruck von Schönheit zurücknimmt und sogar ins Hässliche umkehrt. Hinter dem gegenwärtigen **Bild der blühenden Schönheit** wird jeweils bereits das zukünftige **Bild des Alters**, des körperlichen Verfalls, des Todes sichtbar. Die Abfolge der Beispiele vom Verbleichen der Wangen bis zum Verfallen der Hände bildet eine **Klimax des Verfalls**, in der das zuletzt genannte Beispiel unmittelbar mit der Vorstellung des Todes verknüpft ist.

Kontrast zwischen Gegenwart und Zukunft

Der Abschnitt endet mit der überdeutlichen Feststellung „du wirst alt" (V. 16), mit der das Ich den Hinweis auf den unausweichlichen Vergänglichkeitsprozess ausdrücklich auf das angeredete Du der Geliebten bezieht. Der drohende Verlust von Schönheit scheint nur die Frau zu betreffen. Zumindest ist er, der im Gedicht formulierten männlichen **Perspektive** zufolge, vor allem ein Problem der Frauen. Ob die angeredete Frau das ebenso sieht, bleibt offen und steht hier nicht zur Debatte.

Dieses wenig taktvolle **Resümee** und auch die eben dargestellten Reihungen von Aussagen des lyrischen Ich über den Verfall der weiblichen Schönheit sind als zusätzliche Hinweise darauf zu deuten, dass es im Gedicht nicht eigentlich um die Darstellung oder Intensivierung einer persönlichen, emotional geprägten Liebesbeziehung geht. Vielmehr wird hier mit dem Thema der Vergänglichkeit, der mahnenden Erinnerung an den Tod, wie sie am Beispiel der vergehenden Schönheit mit **rhetorischer Kunst** gestaltet wird, eine grundlegende Thematik angesprochen, die die Menschen im Zeitalter des Barock bewegt hat. Der Tod ist in dieser Epoche angesichts der lang andauernden Kriege und aufgrund von Hungersnot und Seuchen in der Wahrnehmung der Menschen ständig präsent gewesen. Das ***memento mori*** (erinnere dich daran, dass du wirst sterben müssen) ist daher die beherrschende Perspektive, unter der in jener Zeit die Realität betrachtet wurde und die das Jenseits im Bewusstsein der Menschen eng an das Diesseits heranrückte. Die-

Epochenbezug: Auseinandersetzung mit dem Thema der Vergänglichkeit

sen für die **Epoche des Barock** charakteristischen Gedanken greift Opitz in seinem Gedicht auf und hält ihn als beständige Mahnung der angeredeten Frau und im weiteren Sinne dem Leser vor Augen.

zum dritten Abschnitt

Der letzte Teil des Gedichts setzt mit dem Wort „Drumb" (V. 17) ein, das als **Signalwort** ankündigt, das nun die Schlussfolgerung aus dem Bisherigen gezogen wird.
Aus der beständigen und im Gedicht wiederholt und in sich gesteigert veranschaulichten Vergänglichkeits- und Todesdrohung wird die Konsequenz gezogen, in der Gegenwart, solange es eben geht, dem Genuss zu leben (vgl. V. 17). Das lyrische Ich wendet sich hier erneut mit der Aufforderung „laß uns" (V. 17) an die Frau und macht das **Ziel seines Appells** deutlich. Zunächst wird die Aufforderung, die Zeit für die Liebe zu nutzen, noch unter der **Metapher** von der „Jugend Frucht" (V. 18) verhüllt und noch einmal durch einen ebenfalls metaphorisch verbergenden Hinweis auf den nahenden Tod – „Eh' als wir folgen müssen / Der Jahre Flucht" (V. 19 f.) – begründet. Dann jedoch formuliert das Ich offen seinen Wunsch – „So liebe mich" (V. 22) – und verbindet diese Aufforderung mit einem Hinweis auf die Selbstliebe der Liebsten (V. 21), deren Basis ihre gegenwärtige Jugend und Schönheit ist (vgl. V. 17 f.). Seiner abschließenden Aufforderung an die „Liebeste", ihm zu geben, was er vorher metaphorisch „Der Jugend Frucht" genannt hat, also gemeinsam die Gegenwärtigkeit der Liebe zu genießen, fügt der Sprecher noch den Gedanken des drohenden eigenen Verlustes der Jugend an (V. 24). Damit formuliert er nun auch für sich selbst diesen Gedanken als ein **Motiv** der Berechtigung, den Augenblick zu genießen.

Einordnung in die Epoche

Aus den mahnenden Erinnerungen an die Vergänglichkeit, die im vorherigen Abschnitt des Gedichts ausgesprochen worden sind, ergibt sich somit im Schlussteil folgerichtig der **Appell**, den gegenwärtigen Augenblick zu genießen. In der **Kommunikationssituation** des Gedichts wird vom lyrischen Ich damit eben das ausgesprochen, was für das Denken der **Barockzeit** ein charakteristisches Merkmal ist: Der Wunsch nach Lebensgenuss, nach Glanz und Pracht, der gerade aus seinem Gegenteil, dem allgegenwärtigen Bewusstsein der Todesnähe, entsteht. In dieser Spannung zwischen dem *carpe diem* (Nutze den Tag!) und dem *memento mori* (Denke an den Tod!) steht das Lebensgefühl des Menschen in der Zeit des Barock: Die Pracht barocker Bauwerke, der Glanz des Adels und der Genuss von Festlichkeiten oder Liebe sind ständig bezogen auf Krieg und Zerstörung, Elend und Tod als den übermächtigen Erfahrungen der Epoche.

das Lebensgefühl der Menschen im 17. Jahrhundert

Diesen **spannungsvollen Zusammenhang von Vergänglichkeit und Lebensgenuss** spiegelt das Gedicht wieder. Es zeigt zunächst die Struktur einer Kommunikationssituation, doch ist deutlich geworden, dass es im Text **nicht** um die **individuelle Darstellung einer besonderen Liebesbeziehung** geht. Vielmehr dient die Redesituation dazu, die Grundmuster des barocken Denkens zur Sprache zu bringen. Im Wunsch nach Liebesgenuss, den das lyrische Ich der Geliebten gegenüber vorbringt, drückt sich das barocke Verlangen nach Lebensgenuss aus; beides wird motiviert, indem die Bedrohung des Menschen durch Vergänglichkeit und Tod beschworen wird; dies geschieht lediglich am konkreten Beispiel des körperlichen Verfalls, dem auch die „Liebste“ unweigerlich geweiht ist.

Einordnung des Gedichts

Gründe für die Einordnung des Gedichts in die Zeit des Barock haben sich bereits aus der Interpretation des Textes ergeben. Zusammenfassend lässt sich sagen:

Zusammenfassende Interpretation

Das Gedicht stellt keine individuelle Liebesbeziehung dar und bringt keine persönlichen Gefühle der Beteiligten zum Ausdruck. Die Kommunikationssituation dient vielmehr dazu, Gedanken und Mahnungen auszusprechen, die das Lebensgefühl der Zeit beschreiben: Es geht um die Spannung zwischen Lebensgenuss und Todesgedanken, die im Gedicht in der Gestalt der Mahnung an die Geliebte auftauchen. Wunsch und Aufforderung, die Freude der gemeinsamen Liebe zu erleben, werden mit ausführlichen und variierten Hinweisen auf Vergänglichkeit und Tod begründet. Die hierbei verwendeten Metaphern sind geborgt. Sie entstammen einem festen Katalog von Bildern, der auf die Liebesylrik Petrarcas zurückgeht. Auch dieser Umstand zeigt, dass keine individuellen Gefühle im Spiel sind; ebensowenig ist mit dem angeredeten Du eine bestimmte Frau gemeint. Aus der **Übernahme überkommener Formeln** zum Preis weiblicher Schönheit erklärt sich auch der Umstand, dass das lyrische Ich und die angesprochene „Liebste“ so abstrakt bleiben: Wo die Rede unpersönlich bleibt, kann der Leser auch kein persönliches Bild gewinnen.

Lebensbedingungen der Epoche

Die Spannung zwischen Tod und Lebensgenuss, die dem Gedicht zugrunde liegt, spiegelt die Lebensbedingungen der Epoche wider, in der die Menschen einerseits durch die Erfahrungen von Kriegen, Seuchen, Krankheiten, Elend und Armut geprägt waren, die sie jedoch andererseits wenigstens zeitweise im Rausch von Festen, Pracht und Lebensgenuss zurückzudrängen versuchten.

Für die Lösung der zweiten Teilaufgabe sind Grundkenntnisse über die Zeit des thematischen Schwerpunkts „Epochenumbruch 18./19. Jahrhundert“ notwendig, die im Rahmen des Unterrichts erworben worden sind. Wenn man sich hier auf einzelne Werke der Epoche beziehen kann, erleichtert das natürlich die Darstellung. Im vorliegenden Fall wurden als Vergleichstexte Werke der literarischen Epoche des „Sturm und Drang“ ausgewählt, die für eine vergleichende Behandlung mit dem Gedicht von Martin Opitz besonders geeignet erscheinen. Sie können in Ihrem

Aufsatz jedoch auch jederzeit auf andere Werke aus dem Epochenumbruch 18./19. Jahrhundert zurückgreifen, wenn Ihnen diese Texte aus dem Unterricht vertrauter sind.

Wie in der ersten Teilaufgabe ist es auch bei der zweiten Aufgabe wichtig, die historischen und gesellschaftlichen Rahmenbedingungen dieser literarischen Epoche bei der Bearbeitung zu berücksichtigen. Da es oft leichter ist, sich über die Eigenart eines Phänomens Klarheit zu verschaffen, indem man sich vergegenwärtigt, in welcher Hinsicht es sich von anderen Phänomenen unterscheidet, kann der geforderte ***Vergleich*** *nicht nur als zusätzliche Anforderung, sondern auch als Hilfestellung betrachtet werden. Entsprechend ist zu empfehlen, sich vor der Ausarbeitung dieser Teilaufgabe genaue Gedanken darüber zu machen, wie sich die Schilderung der Liebe im Barock und beispielsweise im Sturm und Drang voneinander unterscheiden.*

Sturm und Drang

Der **Sturm und Drang** war eine kurze, aber folgenreiche Phase innerhalb der deutschen Literaturgeschichte. Er kündigte sich um 1770 mit einer Reihe von Dramen an, die in der Nachfolge Shakespeares eine für Deutschland neue dramatische Form und einen bisher ungekannten Ton etablierten, und endete zehn Jahre später mit den frühen Dramen Schillers (*Die Räuber* und *Kabale und Liebe*), die zu einem Zeitpunkt entstanden, als die wenigen Autoren, die die Bewegung getragen hatten, schon wieder verstummt oder im Begriff waren (das gilt insbesondere für Goethe), sich ästhetisch und weltanschaulich umzuorientieren.

Leben und Dichten im 17. Jahrhundert

Die Menschen des 17. Jahrhunderts erlebten sich nicht als selbstbewusst agierende Subjekte in einem Geschichtsprozess, der menschengemacht ist und entsprechend durch Menschen verändert werden kann, sondern als Objekte der göttlichen Vorsehung und als ohnmächtige Opfer eines durch Krieg und Not bestimmten Weltlaufs. Diese Haltung spiegelt sich in der Lyrik des Barock, in der es darum geht, wie man in schweren Zeiten als Mensch existieren und Hoffnung schöpfen kann. Der **Wunsch nach Stabilität** in einer chaotischen Welt spiegelt sich in der dichterischen Produktion im Rückgriff auf überkommene ästhetische Modelle und Verfahren.

Die Stürmer und Dränger als Protagonisten einer Umbruchszeit

Die Stürmer und Dränger lebten hingegen in einer Epoche relativen Friedens und Wohlstands, zudem im **Zeitalter der Aufklärung**, in der der Einzelne sich ermuntert sah, sich von alten Autoritäten zu lösen und auf sich selbst zu bauen, sich **seines eigenen Verstandes zu bedienen** und eigene Urteile auszubilden. Kritik an den bestehenden Verhältnissen äußerte sich entsprechend nicht mehr in der Form der ohnmächtigen Klage, sondern in der des selbstbewussten Protestes. Alte Machtstrukturen verloren – auch im Zuge der fortschreitenden Zersetzung des Glaubens durch die kritische Vernunft – an Legitimität. So entstand ein bisher ungekannter Freiraum für die individuelle Entfaltung des Einzelnen, zugleich aber, in einer Zeit des beginnenden gesellschaftlichen und politischen Umbruchs, auch viel neue Unsicherheit. Man begann selbstständig zu denken, man begann sich zu fühlen, man formulierte neue Ansprüche an ein erfülltes Leben und persönliches Glück, aber die Verhältnisse waren weithin noch die alten.

Konsequenzen für die Dichtung des Sturm und Drang

Unter diesen neuen Voraussetzungen wandten sich die Stürmer und Dränger in ihren Werken entschieden von den bisherigen ästhetischen Modellen (etwa dem französischen Klassizismus) ab und propagierten stattdessen das **Originalgenie**, das sich seine eigenen künstlerischen Regeln setze. Statt äußerlicher Virtuosität in der Anwendung überlieferter Kunstmittel wurde nun die **innere Wahrhaftigkeit** zum – zwangsläufig recht subjektiven – Kriterium für den Wert einer literarischen Schöpfung.

Das wirkte sich auch auf die **Darstellung von Figuren** aus. Waren diese in der Literatur des 17. Jahrhunderts noch weitgehend unpersönliche Konstrukte, zusammengesetzt aus stereotypen äußeren Merkmalen und ebenso stereotypen isolierten Charaktereigenschaften, so kam es den Stürmern und Drängern darauf an, **organisch gefühlte Menschen** mit all ihren Widersprüchen und widerstreitenden, kaum auf einen Nenner zu bringenden Gefühlen zu schaffen.

die Unaussagbarkeit des Individuums

Da sich das Wesen solcher moderneren, individuelleren Menschen, die mit einem innerlich reicheren, aber zugleich auch zerrisseneren Seelenleben ausgestattet sind als noch die Menschen der Barockzeit, der direkten sprachlichen Kennzeichnung entzieht, kommt es in der Literatur des Sturm und Drang darauf an, Stimmungswerte zu vermitteln, die den Leser mitempfinden lassen, was im Autor vorgeht. Das Bild der Geliebten ist sprachlich nicht mehr unmittelbar greifbar, sondern entsteht im **Nachvollzug der Gefühle**, die den lyrischen Sprecher bewegen.

der junge Goethe

Die hierfür notwendige **neue lyrische Sprache** lässt sich besonders gut an den sogenannten Sesenheimer Gedichten des jungen Goethe nachweisen, die Anfang der Siebzigerjahre des 18. Jahrhunderts entstanden, als Goethe in Straßburg sein Jurastudium beendete und sich im elsässischen Ort Sesenheim in die Pfarrerstochter Friederike Brion verliebte.

„Willkommen und Abschied“ als Beispiel

Das bekannteste dieser Gedichte ist *Willkommen und Abschied,* das damit beginnt, dass ein lyrischer Sprecher schildert, wie er sich am Abend in raschem Entschluss aufs Pferd wirft, um die Geliebte zu sehen. Die ersten beiden Strophen und damit die Häfte des ganzen Gedichts vergehen über der Schilderung des Ritts, der freudigen Erregung und Erwartung des Sprechers sowie der abendlichen und später nächtlichen Natur, die sich in der gereizten Wahrnehmung des innerlich aufgewühlten Reiters unheimlich belebt. Dieser erste Teil des Gedichts endet programmatisch mit zwei Ausrufen des lyrischen Sprechers, in denen deutlich wird, wie sicher er sich ist, allen

Widerständen trotzen zu können, und wie sehr er von der Liebe zu seinem Mädchen erfüllt ist: „In meinen Adern welches Feuer! / In meinem Herzen welche Glut!“ Das ist unverkennbar ein neuer Ton gegenüber den Selbstaussagen der lyrischen Sprecher in Gedichten der Barockzeit.

das Aufscheinen des Individuellen im Allgemeinen

Der zweite Teil von *Willkommen und Abschied* schildert die im Titel des Gedichts evozierten Situationen. Über das geliebte Mädchen erfährt man kaum Einzelheiten. Der Sprecher beschreibt fast gar nicht, wie sie ist, sondern beschränkt sich darauf, mitzuteilen, wie froh ihn das macht, was er von ihr empfängt. Und auch dabei handelt es sich um nichts Außergewöhnliches, aus dem Rahmen Fallendes, sondern um das, was alle Liebenden einander zu geben haben: freudige Erwartung, Zärtlichkeit, einen süßen Blick, Abschmiedsschmerz und tränennasse Sehnsucht. Gerade **diese alltäglichen Situationen einer Liebe** auf dem Höhepunkt der gegenseitigen Verliebtheit sind es aber, die im Leser den Eindruck auslösen, eine innerlich wahrhaftige, authentische und durchaus einzigartige Szene zwischen zwei wirklichen Menschen mitzuerleben. Zu diesem Eindruck trägt Goethes **innige Sprache** entscheidend mit bei, die gleichsam **als Resonanzboden für die Gefühle** des lyrischen Sprechers dient.

Verabschiedung der Autorität des einen Gottes

Am Schluss des Gedichtes, nach der Schilderung des Abschieds von dem kummervoll zurückbleibenden Mädchen, ruft der lyrische Sprecher aus: „Und doch, welch Glück, geliebt zu werden! / Und lieben, Götter, welch ein Glück!“ Suchen die Barockdichter, wenn sie sich an Gott wenden, nach Trost und Orientierung, so lässt der jugendliche Held des Gedichtes in seinem Überschwang und Übermut die „Götter“ – schon die Verwendung der Mehrzahl signalisiert, dass hier kein strenger Vatergott mehr im Spiel ist, vor dem sich der Mensch demütigen und rechtfertigen muss – wissen, dass es ihm aus eigener Kraft gut geht; und zwar aufgrund seiner persönlichen Fähigkeit, zu lieben und Liebe zu wecken.

Leistungskurs Deutsch (Nordrhein-Westfalen) – Übungsaufgabe 5: II A: Analyse eines literarischen Textes mit weiterführendem Schreibauftrag

Arbeitsgrundlage:
Gerhart Hauptmann, *Rose Bernd. Schauspiel in fünf Akten*

Aufgaben:
1. Analysieren Sie den Dramenauszug aus Gerhart Hauptmanns Schauspiel *Rose Bernd* unter besonderer Berücksichtigung des Frage- und Problemhorizonts des Epochenumbruchs 19./20. Jahrhundert.
2. Vergleichen Sie anschließend – unter besonderer Bezugnahme auf G. E. Lessings *Emilia Galotti* und die Entwicklung des bürgerlichen Trauerspiels – die in Gerhart Hauptmanns Text behandelte Thematik mit den ideellen und sozialpolitischen Grundlagen des Epochenumbruchs 18./19. Jahrhundert.

Erlaubte Hilfsmittel: ein Wörterbuch der deutschen Rechtschreibung und eine unkommentierte Textausgabe von *Emilia Galotti*

Gerhart Hauptmann (1862–1946)
Rose Bernd. Schauspiel in fünf Akten (1903)

Vorbemerkung
Das 1903 entstandene Schauspiel des naturalistischen Schriftstellers Gerhart Hauptmann spielt im kleinbürgerlichen Milieu. Rose Bernd hat sich mit dem verheirateten Gutsbesitzer Flamm eingelassen und erwartet ein Kind von ihm. Sie will deshalb mit ihm Schluss machen und ist bereit, den biederen Buchbinder August Keil zu heiraten, den ihr Vater schon lange für sie vorgesehen hat. Der gewissenlose Maschinist Streckmann erfährt jedoch von ihrem Verhältnis und indem er ihr droht, ihren „Fehltritt" öffentlich werden zu lassen, bedrängt er Rose und vergewaltigt sie schließlich. Trotz Roses Flehen verbreitet er anschließend Andeutungen über ihren angeblichen lasterhaften Lebenswandel. August Keil ahnt die Wahrheit – ohne allerdings von dem Kind zu wissen – , wäre aber dennoch bereit Rose zu heiraten; der alte Bernd jedoch verklagt Streckmann wegen übler Nachrede. In der Gerichtsverhandlung legt Rose aus Scham einen Meineid ab. Der vorliegende Ausschnitt aus dem letzten Akt mündet in das Bekenntnis Roses, die nirgends Verständnis gefunden hat und die nun wegen des Meineids belangt werden soll, in ihrer Verzweiflung ihr neugeborenes Kind umgebracht zu haben.

AUGUST. […] Vater, Ihr mißt Eure Klage zuricknehm!
BERND. Alles, August! Das kann ich nich.
AUGUST. Es is nich christlich. Ihr mißt se zuricknehm.

BERND. Ich gloobe ni, daß das ni christlich is! Denn warum? Das bleibt eine Ruchlosigkeit, aso a'm Mädel de Ehre abschneiden. Das is a Verbrechen, das Strafe verdient.

AUGUST. Wie soll ich ock anfang. Vater Bernd, Ihr seid in der Sache zu hitzig gewesen.

BERND. Das beansprucht mei Weib, das im Grabe liegt! O meine Ehre beansprucht das! Meine Hausehre und meines Mädels Ehre! Und o deine Ehre zu guter Letzt.

AUGUST. Vater Bernd, Vater Bernd, wie soll ich da anfang, wenn Ihr gar so unversehnlich seid! Ihr habt von so vieler Ehre gered't. Ma soll aber seine Ehre ni suchen, sondern Gottes Ehre und sonst keene nich!

BERND. In der Sache is das a ander Ding: da is Weibes Ehre o Gottes Ehre! Oder kannst du dich ieber Rose beklagen?

AUGUST. Ich hab' d'rsch gesagt, ich beklag mich nich.

BERND. Oder hast du dir mit ihr was vorzuwerfen?

AUGUST. In der Sache da kennt Ihr mich woll, Vater Bernd. Ehb ich da eim geringsten vom Wege abwiche …

BERND. Nu also! Das weeß ich! Das hab' ich gewußt! Und da soll die Gerechtigkeit o ihren Gang gehn. […] Wie sold ich denn dir ins Gesichte sehn, wenn ich das an ihr sitzen ließ dahier! […] – Alle sein se uns uff a Fersen gewest, weil mir anderscher lebten wie andere Leute! Alle han se uns Mucker und Heuchler genannt! Und Leisetreter und was aso is! Und wollten uns stets was am Zeuge flicken! Was wär das fier die fer a Fressen sein. Und o sonst … das Mädel ist so erzogen: ei der Furcht Gottes und arbeitsam, daß, wenn a christlicher Mann die heirat, a auch a christliches Haus kann uffricht'n! Aso is das! Aso geb ich se aus d'r Hand! […]

AUGUST. Vater Bernd, Gottes Wege sind wunderbar! A kann ee'm täglich Priefungen schicken! Selbstgerecht darf eemal der Mensch ni sein! Und wenn ich o wollte, 's geht eemol ni! Ich kann's Euch ni länger ersparen, Vater! Unse Rose war o ock a Menschenkind.

BERND. Wie meenst du das, August?

AUGUST. Vater, fragt weiter nich!

BERND *hat an der Seite des Tisches auf einem Stuhl so Platz genommen, daß sein Gesicht der Wand zugekehrt ist. Auf die letzte Äußerung hin blickt er August groß und fremd einige Sekunden lang an, alsdann wendet er sich dem Tische zu und schlägt mit zitternden Händen das Bibelbuch auf, dessen Blätter er in steigender Erregung bald so, bald so herumwirft. Damit innehaltend, blickt er wiederum August an. Schließlich faltet er die Hände über dem Buche und läßt den Kopf darauf niedersinken, während sein Körper mehrmals konvulsivisch zuckt. So bleibt er eine Weile, dann richtet er sich wieder auf.* Aber nee! Ich hab' dich ni richtig verstanden! […]

Und wenn das richtig is, was du sagst, da geh ich jetzt zum Herr Paster nieber – wenn bloß a Funke wahrer dran is! – und spreche: Herr Paster, so und so … ich kann ni mehr Kirchenvorsteher sein! Ich kann die Missionskasse nich meh verwalten! Adje! Und dann sitt mich kee Mensch hier ni meh! Nee, nee, nee, um's Himmels wille ni! – Nu red du weiter! Sag, was de zu sagen hast! Ock quäl mich weiter ni unnitz lange.

AUGUST. Ich hab' o denselben Gedanken gehabt! Ich will o Haus und Land wieder verkoofen! Man kann ja vielleicht woandersch sehn.

BERND, *in unsäglichem Staunen.* Haus und Land willste verkoofen, August? Woher kommt denn das alles uff eemal dahier! Das is ja … Da mecht ma sich ja fast bekreuzen, gleichwoll ma kee Katholike is. […] Itze antwort, August, mehr will ich ni wiss'n! Antwort uff Seelenseligkeit!

AUGUST. Wie's o is, Vater Bernd, ich verlaß se nich!

BERND. Das magst du halen, wie du willst dahier! Das geht mich nischt an! Das brauch ich ni wiss'n, ob a Mann so a Mensch ei sen Hause mag hab'n. Ich nich! Denn aso a Mann bin ich nich! Nu also …?

AUGUST. Ich kann weiter nischt ni sagen – als daß amal irgendwie was muß mit'r gewest sein! Ehb das nu mit Flamm oder mit Streckmann is –

BERND. Das wern glei zwee!

AUGUST. Ich kann's ja ni wiss'n.

BERND. Nu, da wär ich ock zum Herrn Paster gehn! Birscht mich ab, August, putz mich ab! Mir is, als hätt ich de Kretze am Leibe! […]

AUGUST. […] Rose is da.

BERND. Gott verzeih mir de Sinde! Ich mag se ni sehn!

Er setzt sich wie vorher an den Tisch, hält mit den Daumen die Ohren zu und senkt den Kopf tief in die Bibel. Rose wird in der Tür sichtbar. Sie hat den Hausrock und eine lose Kattunbluse an. Ihre Haltung ist krampfhaft aufrecht. Das Haar hängt aufgelöst zur Hälfte herunter, zur Hälfte in einen Zopf geflochten. Etwas furchtbar Gefaßtes, Bitter-Trotziges liegt in Roses Gesicht. Sie überschaut einige Augenblicke lang das Zimmer: den Alten über der Bibel, August, der sich langsam auch von der Tür abgewandt hat und sich stellt, als blicke er angelegentlich durchs Fenster. […]

BERND. […] Nischt heeren! Nischt sehen! Tot mechte man sein!

Er vertieft sich wie vorher ins Bibelbuch.

ROSE. Voater! Ich lebe! Ich sitze hier! Das iis was! Das heeßt was, daß ich hier sitze! Ich dächte, Voater, Sie mißten das sehn! Das iis ane Welt … da sein Sie versunka … da kinn Sie m'r nischt nimeh antun dahier! […]

Sie bleibt zitternd, in die Knie gesunken, vor sich hinstarrend auf der Erde hocken.

AUGUST, *von dem Anblick überwältigt, hingerissen.* Rosla, steh uff, ich verluß dich ni! Steh uff, ich kann dich ni daliegen sehn! Mir sein alle mitnander sein mir Sinder! Wer aso bereut, dem wird o verziehn. Steh uff, Rose! Vater, hebt Ihr se uff! Mir sein ni von den'n, ich wenigstens nich! Ich kann a Pharisäer ni machen! Ihr seht ja, wie's 'r zu Herzen geht! Mag kumma, was will, ich halte zu dir! Ich bin kee Richter! Ich richte ni! Unse Heiland eim Himmel hat o ni gerichtet! Fierwahr, a hat unsre Krankheet getragen, mir aber hielten ihn fier den, der von Gott geschlagen und gemartert were! Vielleicht habt Ihr o manchen Fehler begangen! Ich hab' nachgedacht. Ich sprech mich ni frei! Eh se mich hat richtig gekannt, hat se schunn missen ihr Amen sagen! Was geht mich de Welt an? Nach der frag ich nich!

ROSE. August, se han sich an mich wie de Klett'n gehang'n! – ich konnte nee ieber de Straße laufen! Alle Männer war'n hinter mir her! Ich hab' mich versteckt! Ich hab' mich gefircht! Ich hab' solche Angst vor a Männern gehabt! 's half nischt, 's ward immer schlimmer dahier! Hernach bin ich von Schlinge zu Schlinge getreten, daß ich gar ni bin mehr zur Besinnung gekomm.

BERND. Du hast frieher de strengste Meinung gehabt! [...] Du hast geprahlt, dir soll eener kumma! Hust a Müllerknecht ei de Fresse geschlag'n! A Madel, die das tutt, haste gesoat, die verdient kee Mitleed, die soll sich uffhenka! Jetzt red'st du von Schlingen.

ROSE. Itze weeß ich Bescheed. (1151 Wörter)

Aus: Gerhart Hauptmann: Rose Bernd. Schauspiel in fünf Akten. In: G. Hauptmann: Sämtliche Werke. 11 Bände. Centenarausgabe. Band II. Berlin: Propyläen Verlag 1996, S. 250–257 (Ausschnitte). Lizenz der Ullstein Buchverlage

Erläuterungen:
Wie viele seiner Stücke hat Hauptmann auch *Rose Bernd* im schlesischen Dialekt verfasst. Deshalb bedarf es einiger Erläuterungen zu häufig vorkommenden Dialektwörtern:

Zeile 5 und öfter:	*aso:* so, also, solch
Zeile 7 und öfter:	*ock:* nur, bloß, doch
Zeile 9 und öfter:	*o:* auch
Zeile 18 und öfter:	*ehb:* ehe, bevor; auch (Z. 60): ob
Zeile 25 und öfter:	*ei, eim:* in, im

Hinweise und Tipps

Die Besprechung von Lessings Drama „Emilia Galotti" gehört zum obligatorischen Programm im Kurshalbjahr 12.1: „Epochenumbruch 18./19. Jahrhundert – unter besonderer Berücksichtigung der Entwicklung des Dramas: G. E. Lessing, Emilia Galotti". Die Aufgabe stellt einen Bezug zu einem Drama her, das dem Epochenumbruch 19./20. Jahrhundert zuzuordnen ist und das einige der im 18. Jahrhundert aktuellen Themen fortschreibt und unter den Bedingungen der gesellschaftspolitischen Realität des beginnenden 20. Jahrhunderts thematisiert.

Der Auszug aus dem – vermutlich unbekannten – Drama „Rose Bernd" von Gerhart Hauptmann ist in der ersten Teilaufgabe auf der Grundlage der Kenntnisse über den Frage- und Problemhorizont des Epochenumbruchs 19./20. Jahrhundert zu analysieren. Der Inhalt des Textauszuges sollte zunächst strukturiert zusammengefasst und wiedergegeben werden (Anforderungsbereich I: Reproduktion). Ziele sollten sein:

- *die Notsituation, in der sich Rose Bernd befindet, zu umreißen,*
- *die Gründe, wie es zu dieser Situation kam, zu benennen,*
- *die beteiligten Figuren aufgrund ihrer Aussagen und ihres Verhaltens zu charakterisieren.*

Um den Dramenauszug wie in der Aufgabenstellung gefordert dem Epochenumbruch 19./20. Jahrhundert zuzuordnen, sind Arbeitsschritte notwendig, die dem Anforderungsbereich II (Reorganisation und Transfer), teilweise auch dem Anforderungsbereich III (Reflexion und Problemlösung) angehören:

- *Der Zeitbezug sollte sachlich, strukturiert und fachsprachlich korrekt aufgezeigt werden. Dazu gehören Kenntnisse über die historisch-politische Situation um die Jahrhundertwende 19./20. Jahrhundert ebenso wie die literarhistorische Einordnung des Textes in die Epoche des Naturalismus;*
- *das Schicksal Roses sollte auf diesem Zeithintergrund erläutert werden;*
- *die Frage nach der Schuld Roses kann auf diesem Hintergrund bewertet werden;*
- *die Intention des Stückes kann als sozialpolitische Anklage benannt und begründet werden.*

Lösungsvorschlag

Formulieren einer Arbeitshypothese

In den beiden Dramentexten *Rose Bernd* von Gerhart Hauptmann und *Emilia Galotti* von Gotthold Ephraim Lessing wird **die zentrale Frage der Ehre** unter jeweils verschiedenen historischen und sozialen Bedingungen unterschiedlich beantwortet.

Teilaufgabe 1: Analyse des Dramenauszugs

strukturierte Inhaltsangabe

Im vorliegenden Textauszug, einem Gespräch zwischen August Keil und dem alten Bernd, geht es um die Ehre Rose Bernds. Bernd, der von der Unschuld seiner Tochter überzeugt ist, besteht auf seiner Klage gegen den ‚Ehrabschneider' (vgl. Z. 5) Streckmann; dabei geht es nicht nur und offenbar nicht einmal in erster Linie um die Ehre der Tochter, denn Bernd bezieht sich zunächst auf die Ehre seiner verstorbenen Frau, seine eigene und sogar seine „Hausehre" (Z. 10), bevor er auf seines „Mädels Ehre" (Z. 10) zu sprechen kommt. Keil dagegen, der über ein anderes Vorwissen verfügt und zumindest zu ahnen scheint, dass die Vorwürfe gegen Rose nicht ganz unberechtigt sind, möchte nur „Gottes Ehre" (Z. 13) gelten lassen. In den Auslassungen des alten Bernd zeigt sich dessen Einbindung in den kleinbürgerlichen Horizont seiner Zeit sehr deutlich: Er ist stolz darauf, seine Tochter in „der Furcht Gottes und arbeitsam" (Z. 25 f.) erzogen zu haben. Dennoch – oder gerade deswegen – ist er in der Öffentlichkeit als „Mucker", „Heuchler" und „Leisetreter" (Z. 23 f.) angesehen worden. Dies spricht dafür, dass seine Lebensweise und auch seine Erziehungsprinzipien nicht ernst genommen worden sind. Außerdem scheint die Intention, die Tochter gut zu verheiraten, von ökonomischen Prinzipien diktiert zu sein (Z. 26 f.).
Die Bemerkung Augusts, Rose sei auch nur ein „Menschenkind" (Z. 31), also, nach damaligem Sprachgebrauch, ‚sündig', lässt den alten Bernd zusammenbrechen. Bezeichnenderweise gilt aber seine erste Sorge nicht seiner Tochter, sondern seiner eigenen Reputa-

tion: Er fürchtet, alle seine ehrenamtlichen Tätigkeiten aufgeben zu müssen, ja sogar sich im Dorf nicht mehr blicken lassen zu können (vgl. Z. 44 ff.). Seine Tochter, deren „Ehre" er gerade noch als unantastbar ansah, ist jetzt „so a Mensch" (Z. 57), den er nicht in seinem Hause dulden mag. Als Rose ins Zimmer tritt, möchte er sie nicht sehen und versenkt sich in die Bibel (Z. 66 ff.). Ihr Flehen, das immerhin August zu einem flammenden Bekenntnis veranlasst, beantwortet er lediglich mit dem Vorwurf, sie habe ihre eigenen früheren Grundsätze verraten.

Figurencharakterisierung: der alte Bernd

Der alte Bernd erweist sich in dieser Szene als Mensch, der **den Prinzipien einer veräußerlichten Moral verhaftet** ist und dem durchaus der Vorwurf der „Selbstgerechtigkeit" (vgl. Z. 29) gemacht werden kann. Er stellt die öffentliche Meinung und sein Ansehen in der Gesellschaft über das persönliche Los seiner Tochter; mit keinem Wort fragt er nach ihren eventuellen Beweggründen.

Figurencharakterisierung: August Keil

August Keil scheint **auf den ersten Blick weltoffener und toleranter** zu sein. Da er über ein anderes Vorwissen verfügt, kritisiert er das Verhalten des alten Bernd und setzt sich – mit christlich verbrämten Argumenten – davon ab. Rose verspricht er, in ihrer Not weiterhin zu ihr zu stehen (Z. 81 ff.). Allerdings ist auch seine Reaktion **wenig** selbstbewusst und **kämpferisch**. Sein Bekenntnis zu Rose basiert auf „denselben Gedanken" (Z. 49), die zuvor Bernd geäußert hat: Auch er sieht allenfalls dann eine gemeinsame Zukunft mit der ‚sündigen' Rose, wenn er mit ihr fortzieht (vgl. Z. 51 f.). Der Gesellschaft die Stirn zu bieten, fällt auch ihm nicht ein. (Oder ist er einfach realistisch genug, um zu wissen, dass Rose und er in der Heimat dauerhaft verachtet und geschnitten werden würden?) Jedenfalls ist er aus Liebe zu Rose bereit, viel aufzugeben. Als sie ins Zimmer tritt, wendet er sich zunächst von ihr ab (vgl. Z. 72 f.). Ihr bejammernswertes Schicksal reißt ihn dann zu einem Bekenntnis hin, von dem man aber den Eindruck haben muss, er berausche sich eher selbst an seiner Großmut, als dass er wirklich Verständnis für Rose aufbrächte (Z. 81 ff.).

Figurencharakterisierung: Rose Bernd

Da Rose Bernd dies spürt, kann sie aus eben diesem Grund seine ihr angetragene Hilfe nicht annehmen. Ihre Äußerung (Z. 92–96) wirft ein Schlaglicht auf ihre Situation und auf die Gründe dafür. Als eine lebensvolle, attraktive junge Frau ist sie das **Objekt männlicher Begierde** geworden; obwohl sie sich zu wehren versucht hat, konnte sie den ausgelegten „Schlingen" (Z. 95 und 100) letztlich nicht ausweichen und ist immer tiefer ins Unglück geraten. Sie will ihr Verhalten nicht rechtfertigen, aber sie sieht sich auch **keineswegs als die Alleinschuldige**. Sie weiß jetzt – über die Männer, das Leben, die Welt außerhalb der väterlichen Stube – „Bescheed“ (Z. 101) und würde deshalb nicht mehr leichtfertig wie früher über andere urteilen, die sich ebenfalls unverheiratet mit Männern eingelassen haben. Ihre Tragik besteht darin, dass ihr Umfeld sich moralisch in engen Grenzen bewegt, in denen für **Toleranz und Verständnis kein Platz** ist. Rose Bernd, die selbst ähnlichen Vorstellungen verhaftet gewesen war, ist zum **Opfer** geworden, das jetzt eher Mitleid verdient gehabt hätte; **sie zerbricht an dem Festhalten ihrer Umgebung an gesellschaftlich starren Normen**. Die floskelhafte Bemerkung Augusts, sie sei auch nur ein „Menschenkind“ (Z. 31), erhält somit eine tiefere Bedeutung. Die Begegnung mit dem wirklichen Leben außerhalb der Enge und kleingeistigen Frömmelei der väterlichen Stube macht sie zu der – im wahrsten Sinne des Wortes – Leidtragenden des Stückes.

Hintergründe der Tragik Roses

Hauptmanns *Rose Bernd* ist ein **naturalistisches Drama**. Dies lässt sich sowohl inhaltlich als auch formal zeigen. Das Stück spielt in einem kleinbürgerlichen und bäuerlichen Milieu und behandelt die Probleme der in diesem Milieu verhafteten Menschen in einer drastischen und düsteren Weise. Die **ausführlichen Regieanweisungen** sowie die **Verwendung des** (schlesischen) **Dialekts** zeigen Hauptmanns Absicht einer möglichst **wirklichkeitsgetreuen Darstellung** ohne jegliche idealistische Überhöhung.

Einordnung in den literarhistorischen Kontext

Den Frage- und Problemhorizont der um 1900 entstandenen Literatur bildet insbesondere die **soziale Frage**. (Die sogenannte **Dekadenzliteratur**, die auch unter den unzureichenden Etiketten *Fin de siècle* oder *Symbolismus* zusammengefasst worden ist, scheint sich zwar zunächst mit ganz anderen Problemstellungen auseinanderzusetzen; gerade ihre beharrliche Ausklammerung der sozialen Wirklichkeit, ihre programmatische Flucht in ästhetische Welten und die überfeinerte Kultivierung elitärer Empfindungen lässt sich jedoch als direkte Reaktion auf die beherrschenden Fragen der Zeit deuten.) Der Textauszug verdeutlicht, dass einer jungen Frau – deren Schuld lediglich darin besteht, ihren Gefühlen nachgegeben zu haben, was aber in den Augen der öffentlichen Moral einen ‚Fehltritt‘ bedeutet – keine Chance zur Selbstverwirklichung gegeben wird, jedenfalls dann nicht, wenn – wie im vorliegenden Falle – weder der Kindsvater bereit ist, zu ihr zu stehen, noch die eigene Familie die Größe aufbringt, sich über die bigotten Normen der Gesellschaft hinwegzusetzen. Der alte Bernd sowie August Keil zeigen sich als **Repräsentanten** der um die Wende vom 19. zum 20. Jahrhundert herrschenden **Moralauffassung** in Bezug auf Ehe und Familie: ein Mädchen hatte „unberührt“, das heißt jungfräulich in die Ehe zu gehen. Voreheliche sexuelle Kontakte führten, sofern sie bekannt wurden, oft zu einer sozialen Ächtung der jungen Frau, insbesondere dann, wenn sie ein Kind erwartete und der Kindsvater sich von ihr abwandte. Dem Mann selbst fiel es dagegen ungleich

Interpretation des Textauszugs vor dem Hintergrund sozialer Problemstellungen um 1900

Situation Roses

leichter, sich aus der Verantwortung zu ziehen. Die Eltern – hier der alte Bernd – legten Wert darauf, die Tochter gut, das heißt möglichst wohlhabend zu verheiraten; deshalb wäre die „Schande" einer unehelichen Schwangerschaft auch eine ökonomische Belastung geworden. Unter diesen Bedingungen entlarvt sich die **öffentliche Moral** der kleinbürgerlichen Gesellschaft **als Scheinmoral**. Weder Bernd noch die anderen Dorfbewohner bringen ausreichend Toleranz und Verständnis auf, um einem Schicksal wie dem Roses eine Wendung zum Guten zu geben.

Intention des Stücks

Die **soziale Anklage** besteht also darin, dem Zuschauer diese verhängnisvolle Beengtheit vor Augen zu führen und ihn indirekt aufzufordern, selbst auf **Veränderungen im Sinne einer freieren und humaneren Lebensgestaltung** hinzuwirken.

In der zweiten Teilaufgabe werden ebenfalls Reorganisation und Transfer sowie Reflexion und Problemlösung (Anforderungsbereiche II und III) verlangt.

- *„Emilia Galotti" ist als repräsentatives Drama des Epochenumbruchs 18./19. Jahrhundert zu bewerten;*
- *die Situation Emilias, die zu ihrem tragischen Ende führt, sollte kurz wiedergegeben und erläutert werden;*
- *aus dieser Situation, ebenso aus der Figurencharakterisierung, ergibt sich die begründete Beurteilung des Konflikts als politisch bedingt, aber zugleich seelischer Natur;*
- *„Emilia Galotti" transportiert und reflektiert Grundgedanken der Aufklärung (Freiheit, Toleranz); die gleichzeitige Bezugnahme Lessings auf die historische Quelle des Livius (Verginia-Geschichte) lässt den Zuschauer beziehungsweise Leser eine Parallele zwischen beiden Handlungen ziehen und verdeutlicht ihm somit Lessings Appell, die bestehenden absolutistischen Verhältnisse zu verändern.*

Der Vergleich zwischen den beiden Werken sollte sinnvollerweise bei den Ähnlichkeiten ansetzen: Darstellung der Frauengestalten, die Familiensituation, der Einfluss der sozialpolitischen Umstände auf die öffentliche Moral.

Die Themenstellung fordert zusätzlich einen weiteren Vergleichsaspekt:
In Bezug auf Lessings Drama sollte dargelegt werden, wie sich der Konflikt zwischen Adel und Bürgertum in der Literatur vom 18. bis zum 20. Jahrhundert niederschlägt. Verweisen Sie darauf, inwiefern in der Tradition des sogenannten „bürgerlichen Trauerspiels" der Begriff des „Bürgerlichen" einer Veränderung unterliegt.

Teilaufgabe 2: Vergleich mit Lessings „Emilia Galotti"

Beim Vergleich mit Gotthold Ephraim Lessings Trauerspiel *Emilia Galotti* lässt sich hier ansetzen. Auch Emilia ist eine junge Frau, die sich einer Gefährdung ihrer Ehre ausgesetzt sieht und die sich in ihrer Not an den Vater wendet, und auch Lessing formuliert in seinem Stück eine indirekte Anklage. Die Dramatik des Stückes speist sich aus folgenden Elementen:

Emilia wird von dem Prinzen Hettore mit aufdringlicher Zuneigung bedrängt. Sie sieht sich in einem Dilemma: Der stolze Vater ist im Hinblick auf seine eigene Ehrbarkeit darauf bedacht, seine Tochter von allen Gefährdungen des Prinzenhofes fernzuhalten. Er verkörpert die bürgerlichen Tugenden seiner Zeit: Zuverlässigkeit, Ehrlichkeit, Bevorzugung des Schlichten gegenüber dem Prunkhaften; allerdings erscheint er letztlich als allzu pedantischer Moralist. Seine Frau Claudia dagegen wäre eher bereit, den Verlockungen des Hofes nachzugeben – sie scheint Gefallen daran zu finden, in höfischen Kreisen verkehren zu können, selbst um den Preis, dass ihre Tochter nicht mehr als eine vorübergehende Liebschaft des Prinzen sein würde. Emilia selbst ist jung und unerfahren, sie zeigt sich durchaus beeindruckt von den Einflüsterungen des Prinzen und weiß, dass sie – als Gefangene im Lustschloss des Prinzen – auf Dauer der „Gewalt der Verführung" nicht widerstehen könnte. Auf der anderen Seite hat sie die Erziehungsprinzipien ihres Vaters so sehr verinnerlicht, dass sie beschließt, dieser Gefährdung durch Freitod auszuweichen.

kurze Übersicht über den Inhalt des Stücks

Odoardo Galotti ist zwar Repräsentant des gehobenen Bürgertums des ausgehenden 18. Jahrhunderts; er wird jedoch von Lessing keineswegs unkritisch gesehen. Mit seiner starren Haltung und Sittenstrenge zwingt er Emilia, seine gehorsame Tochter, ihre tiefsten Gefühle zu verleugnen und zu unterdrücken.

Beurteilung der Figuren als Repräsentanten ihres Standes

Der Prinz ist ein typischer Vertreter des Adels. Es ist ihm zwar durchaus abzunehmen, dass er eine echte Zuneigung zu Emilia verspürt, aber auch er ist Gefangener des Systems von Absolutismus und Staatsräson. Zudem lässt er seinem intriganten Kammerherrn zu sehr freie Hand, sodass er letztlich ebenfalls als Verlierer dasteht.

Der **tragische Konflikt** entzündet sich somit nur vordergründig an den sozialen Unterschieden. Er erweist sich vielmehr als seelischer Konflikt, in den Emilia gerät, weil sie sich zwischen den gesellschaftlichen Normen und der Stimme ihres Herzens verliert.

Allerdings benutzt Lessing die gesellschaftspolitische Dimension dieses individuellen Konflikts, um mit seinem Stück eine **Anklage gegen die bestehenden Verhältnisse** zu formulieren. Auf der Basis der historischen Vorlage – Livius' Verginia-Geschichte, auf die Lessing ausdrücklich Bezug nimmt – wird dem Zuschauer verdeutlicht, dass der Tod einer Unschuldigen als Auslöser zum Sturz eines Tyrannen führen kann. Der Zuschauer wird somit, ohne sogleich an den herrschenden Zuständen etwas ändern zu können, der freiheitlichen **Grundgedanken der Aufklärung** gewahr und wird sich aufgerufen fühlen, mit oder ohne gewaltsamen Umsturz Verhältnisse herbeizuführen, die diesen Grundsätzen entsprechen.

Intention Lessings vor dem Hintergrund der historischen Vorlage des Stücks

Emilia Galotti steht am Anfang, *Rose Bernd* am Ende einer Reihe von Dramen, die in der Literaturgeschichtsschreibung als „**bürgerliche Trauerspiele**" bezeichnet werden. Dabei kommt dem Begriff „bürgerlich" eine mehrfache Bedeutung zu. Im 18. Jahrhundert wurde das Schicksal Bürgerlicher erstmals Gegenstand von Tragödien; die Konflikte ergaben sich aus einer gesellschaftlichen Schieflage: Das Bürgertum ist in moralischer Hinsicht dem Adel überlegen, muss sich aber noch dessen Willkürherrschaft beugen. In Schillers „Kabale und Liebe" (1783) scheitert die Verbindung zwischen einer Bürgerlichen und einem Adligen an sozial bedingten Widerständen und Missverständnissen und daraus erwachsenen Intrigen („Kabalen").

Einordnung der beiden Stücke in die Tradition des „bürgerlichen Trauerspiels"

Der **Vergleich** der sich in der Textstelle aus Gerhart Hauptmanns *Rose Bernd* abzeichnenden Thematik mit Gotthold Ephraim Lessings *Emilia Galotti* zeigt insgesamt **mehr inhaltliche Gemeinsamkeiten als Unterschiede**. Im Mittelpunkt steht jeweils die Auseinandersetzung zwischen einer jungen, in Not geratenen Frau und ihrem Vater. Beide Stücke enden tragisch: Emilia stirbt durch die Hand des Vaters, Rose Bernd wird – wie das Ende des Stückes nahelegt – wahrscheinlich vor Gericht gestellt und nicht nur wegen Meineids, sondern auch wegen des Kindsmordes verurteilt. Das Schicksal der beiden Protagonistinnen, deren „Schuld" lediglich darin besteht, ihren Gefühlen nachgegeben zu haben, vermag die Zuschauer sowohl im 18. als auch zu Beginn des 20. Jahrhunderts zu ergreifen und sie zu veranlassen, ihre eigenen Einstellungen zu überdenken und zu einem Klima größerer gesellschaftlicher Toleranz und Mitmenschlichkeit beizutragen.

Zusammenfassung der durch den Vergleich gewonnenen Einsichten

Der **Hauptunterschied** liegt in den sozialen und politischen Hintergründen der beiden geschilderten Schicksale. Lessing versuchte – im Geiste der Aufklärung – der absolutistischen Willkür ein freieres und toleranteres Denken entgegenzusetzen; an einen gewaltsamen Umsturz hat er, trotz der Bezugnahme auf Livius, wohl nicht gedacht. Er stattet vielmehr seinen Prinzen mit durchaus Sympathie erzeugenden Charakterzügen aus, und der Schluss des Dramas zeigt dann auch den Prinzen als jemanden, der mit leeren Händen dasteht. Die **Moral des Stückes** lautet in dieser Hinsicht: Die Möglichkeit unkontrollierter Machtausübung untergräbt das Glück der Untertanen, sichert aber nicht einmal das Glück der Herrschenden. In der Liebe, im Zusammenleben innerhalb der Gesellschaft, ist ohne Freiwilligkeit und gegenseitige Achtung nichts zu gewinnen. Die Tragik von Hauptmanns *Rose Bernd* erwächst dagegen allein aus den sozialpolitischen Bedingungen der Wende vom 19. zum 20. Jahrhundert, einer Zeit, in der die Werte und Normen brüchig geworden sind, aber ihre unverändert strikte Einhaltung weiterhin ihre Opfer fordert.

Leistungskurs Deutsch (Nordrhein-Westfalen) – Übungsaufgabe 6: II A: Analyse eines literarischen Textes mit weiterführendem Schreibauftrag

Arbeitsgrundlage:
Theodor Fontane, *Stine. Roman* (Auszug aus dem 14. Kapitel)

Aufgabe:
1. Interpretieren Sie den Textauszug unter besonderer Berücksichtigung der erzählerischen Gestaltung und des sprachlichen Ausdrucks.
2. Vergleichen Sie das Glücksmotiv mit dem in *Irrungen, Wirrungen* und skizzieren Sie knapp seine Entwicklung in verschiedenen Epochen der Literatur.

Erlaubte Hilfsmittel: ein Wörterbuch der deutschen Rechtschreibung und eine unkommentierte Textausgabe von *Irrungen, Wirrungen.*

Theodor Fontane (1819–1898)
Stine. Roman (1890)

Die junge Näherin Stine (Ernestine) Rehbein lebt in einfachen Verhältnissen. Auf einer Abendgesellschaft bei ihrer Schwester Pauline lernt sie den jungen kränklichen Grafen Waldemar von Haldern kennen. Dieser verliebt sich in Stine und will der Beziehung durch eine Heirat Dauer verleihen. Weil er weiß, dass er damit gängige Konventionen verletzen würde, bittet er seinen Onkel, bei seinen Eltern Fürsprache einzulegen. Dieser verweigert jedoch die Unterstützung. Als auch Stine ihn abweist, nimmt er sich das Leben. Die Handlung des Gesellschaftsromans – für Fontane ein ergänzendes Gegenstück zu „Irrungen, Wirrungen" – spielt im Berlin der Gründerjahre.
Der vorliegende Auszug setzt ein, als Waldemar ein ihm vertrautes Gartenlokal verlässt, das er nach dem vergeblichen Gespräch mit seinem Onkel aufgesucht hat.

14. Kapitel

[…]
Er blieb wohl eine Stunde. Dann erst erhob er sich und ging auf den Ausgang zu. Von draußen her aber sah er noch einmal über den Staketzaun in den Garten zurück. Da war wieder die Musikestrade mit den wackeligen Notenpulten und gleich dahinter das primitive Büfett mit den eingeschnittenen Querhölzern, daran zahllose Weißbierdeckel wie kleine Schilde hingen. Und dicht daneben und halb überwachsen von einer Kugelakazie stand der eben von ihm verlassene Tisch, auf dessen grüner Platte jetzt die Lichter und Schatten tanzten. Er konnte sich nicht losreißen von dem allen und prägte sich's ein, als ob er ein bestimmtes Gefühl habe, daß er's nicht wiedersehen werde. „Glück, Glück. Wer will sagen, was du bist und wo du bist! In Sorrent,

mit dem Blick auf Capri, war ich elend und unglücklich, und *hier* bin ich glücklich gewesen.“ Und nun ging er weiter flußabwärts bis an die Moabiterbrücke, weil er vorhatte, den Rückweg am anderen Ufer zu machen. Als er aber drüben war, nahm er langsam und unter gelegentlichem Verweilen seinen Weg auf den Humboldtshafen und zuletzt auf den Invalidenpark zu. Dort blieb er stehen und musterte das gegenübergelegene Haus. Stine stand oben am Fenster. Er grüßte mit der Hand und stieg dann in ihre Wohnung hinauf.

Stine empfing ihn schon an der Tür, glücklich, ihn zu sehen, aber doch mit einem Anfluge von Sorge, weil er sonst nie vor Dämmerstunde kam.

„Was ist?“ sagte sie, „du siehst so verändert aus.“

„Möglich. Aber es ist nichts. Ich bin vollkommen ruhig.“

„Ach, sage nicht *das*. Wenn man sagt, man sei ruhig, ist man's nie.“

„Woher weißt du das?“

„Ich glaube, das lernt jeder, dafür sorgt das Leben. Und dann weiß ich es von Pauline. Wenn die zu mir sagt: ‚Stine, nun bin ich wieder ruhig‘, dann ist es immer noch schlimm genug. Aber nun sage, was ist?“

„Was ist? Eine Kleinigkeit. Eigentlich nichts. Ich stand immer einsam unter den Meinigen, und nun soll ich noch etwas einsamer dastehn. Es wirkt einen Augenblick, aber nicht lange …“

„Du verschweigst mir etwas. Sprich!“

„Gewiß, deshalb bin ich hier. Und so höre denn. Ich war bei meinem Onkel, um ihm zu sagen … ja, was Stine? um ihm zu sagen, daß ich dich lieb hätte …“

Stine kam in ein Zittern.

„… Und daß ich dich heiraten wolle … Ja, heiraten, nicht um eine Gräfin Haldern aus dir zu machen, sondern einfach eine Stine Haldern, eine mir liebe kleine Frau, und daß wir dann nach Amerika wollten. Und zu diesem Schritt erbät ich seine Zustimmung oder doch eine Fürsprache bei meinen Eltern.“

„Und?“

„Und diese Fürsprache hat er mir verweigert.“

„Ach, was hast du getan?“

„Sollt' ich nicht?“

„Was hast du getan?“ wiederholte Stine, zugleich hinzusetzend: „Und ich Ärmste bin schuld daran. Bin schuld, weil ich's habe gehen lassen und mich nie recht gefragt habe: was wird? Und wenn mir die Frage kam, so hab ich sie zurückgedrängt und nicht aufkommen lassen und nur gedacht: freue dich, solange du dich freuen kannst. Und das war nicht recht. Daß es nicht ewig dauern würde, das wußt' ich, aber ich rechnete doch auf manchen Tag. Und nun ist alles falsch gewesen, und unser Glück ist hin, viel, viel schneller als nötig, bloß weil du wolltest, daß es dauern solle.“

Waldemar wollte widersprechen; aber Stine litt es nicht und sagte, während ihre Stimme mit jedem Augenblick beschwörender und eindringlicher wurde: „Du willst nach Amerika, weil es hier nicht geht. Aber glaube mir, *es geht auch drüben nicht.* Eine Zeitlang könnt' es gehn, vielleicht ein Jahr oder zwei, aber dann wär' es auch drüben vorbei. Glaube nicht, daß ich den Unterschied nicht sähe. Sieh, es war mein Stolz, ein so gutes Herz wie das deine lieben zu dürfen, und daß es mich wieder liebte, das war meines Lebens höchstes Glück. Aber ich käme mir albern und kindisch vor, wenn ich die Gräfin Haldern spielen wollte. Ja, Waldemar, so ist es, und daß du so was gewollt hast, das macht nun ein rasches Ende. Vor Jahren, ich war noch ein Kind, hab' ich mal ein Feenstück gesehn, in dem zwei Menschen glücklich waren; aber ihr Glück, so hatte die Fee gesagt, würde für immer hin sein, wenn ein bestimmtes Wort gesprochen oder ein bestimmter Name genannt werde. Siehst du, so war es auch mit uns. Jetzt hast du das Wort gesprochen, und nun ist es vorbei, vorbei, weil die Menschen davon wissen. Vergiß mich; du wirst es. Und wenn auch nicht, ich mag keine Kette für dich sein, an der du dein Leben lang herumschleppst. Du mußt frei sein; gerade du."

[…]

Aus: Theodor Fontane: Stine. Roman. Mit einem Nachwort neu herausgegeben von Helmuth Nürnberger. München: Deutscher Taschenbuch Verlag 1995, S. 78–81

Worterläuterungen:

Zeile 2:	*Staketzaun:* Lattenzaun
Zeile 3:	*Musikestrade:* erhöhter Platz für die Musiker
Zeile 4:	*Büfett:* Schanktisch, Verkaufstisch
Zeile 6:	*Kugelakazie:* Zierbaum
Zeilen 9 f.:	*Sorrent, Capri:* Orte am Golf von Neapel mit starkem Touristenverkehr
Zeilen 11–14:	*Moabiterbrücke, Humboldtshafen, Invalidenpark:* Örtlichkeiten in Berlin

Hinweise und Tipps

Die Werke Theodor Fontanes spiegeln soziale und weltanschauliche Umbrüche des ausgehenden 19. Jahrhunderts. In den Romanen „Irrungen, Wirrungen" und „Stine", die sich nach Aussage Fontanes gegenseitig ergänzen, wird gezeigt, wie persönliches Glücksverlangen an den Schranken gesellschaftlicher Konvention zerbricht.
Der Arbeitsauftrag besteht aus zwei Teilen. Der erste verlangt im Anschluss an eine Analyse der erzählerischen Gestaltung eine Textdeutung.
Verfassen Sie zunächst eine Einleitung, in der Sie die gemeinsame Thematik beider Werke benennen.
Bei der Untersuchung der erzählerischen Gestaltung empfiehlt es sich, besonders auf Erzählperspektive, Erzählverhalten, Darbietungsweise, das Verhältnis von Erzählzeit zu erzählter Zeit und die Erzählerposition einzugehen.
Die Interpretation kann der Chronologie der Ereignisse folgen. Der erste Textabschnitt wird den Blick auf die Stimmungslage Waldemars und die angedeutete Abschiedsmotivik lenken, im zweiten konzentrieren Sie sich auf die Dramatik des Dialogs und Stines Verhalten.

Lösungsvorschlag

Einleitung

In seinen Berliner Gesellschaftsromanen *Irrungen, Wirrungen* und *Stine* behandelt Theodor Fontane (1819–1898) zeitlich begrenzte Liebesverhältnisse. Eine Heirat zwischen den unterschiedlichen sozialen Schichten angehörenden Partnern ist unter den damaligen Verhältnissen nahezu undenkbar. Im Gegensatz zu Botho von Rienäcker, der in *Irrungen, Wirrungen* seine Beziehung mit der Büglerin Lene Nimptsch löst und standesgemäß heiratet, will der junge Graf Haldern in *Stine* die Standesschranke durchbrechen und die Näherin Stine Rehbein zur Frau nehmen. Im vorliegenden Text begibt sich der Graf zu seiner Geliebten, die sein Handeln und seine Absichten kritisiert.

Erzählerische Gestaltung

Perspektive

Die Perspektive des Erzählers innerhalb des Textauszugs verändert sich mit seinen Standorten und unterschiedlichen Blickwinkeln. Er begleitet Waldemar aus dem Gartenlokal die Spree entlang über die Moabiter Brücke zur Invalidenstraße und begibt sich mit ihm in Stines Wohnung. Nach der Wanderung verengt sich sein Blickfeld und fokussiert sich auf die beiden Figuren. Es liegt ihm daran, nicht nur die äußere Welt wahrzunehmen, sondern auch Gedanken und Gefühle der Figuren zu erfassen.

Erzählerverhalten

Auch das Erzählerverhalten verändert sich. Während im ersten Abschnitt **personales Erzählen** dominiert, zeigt der Dialogteil **neutrales Erzählverhalten**. Es gibt **kaum auktoriale Stellen**. Bereits nach wenigen Sätzen übernimmt der Erzähler die emotional geprägte Sichtweise der Figur (Z. 3). Erst am Ende des ersten Abschnitts meldet sich erneut der auktoriale Erzähler zu Wort (Z. 12 bis 16). Das personale Erzählen wird kurz durch den **inneren Monolog** unterbrochen, der neutral den Gedankengang Waldemars festhält (Z. 9 bis 11). Im Dialogteil kommen nur spärlich personale und auktoriale Einschübe vor (zum Beispiel personal: Z. 17 f.; auktorial: Z. 32).

Darbietungsweise

Die Darbietungsweise wird von **Erzählerbericht** und **Figurenrede** bestimmt. Im ersten Abschnitt findet sich ein innerer Monolog (Z. 9 bis 11). An einer Stelle gleitet der Dialog durch Stines Selbstanrede ins Monologhafte (Z. 41–46).

Die langsame Wanderung und das wiederholte Verweilen Waldemars bewirken, dass im ersten Teil die **erzählte Zeit** länger als die **Erzählzeit** ist, während sich beim Dialog Erzählzeit und erzählte Zeit nahezu decken.

Fazit der erzähltechnischen Analyse

Zusammenfassend lässt sich festhalten: Die Zurückhaltung des Erzählers mit eigenen Kommentierungen und die Dominanz der neutral wiedergegebenen Figurenrede entsprechen nicht dem traditionellen, selbstbewusst auftretenden Erzähler, der seinen Figuren nur beschränkten Äußerungsraum gewährt. So lässt dieses

Verhalten eine **geschwächte Erzählerposition** vermuten, wie sie für die moderne Literatur typisch ist. Andererseits gewinnen die Figuren auf diese Weise an Intensität und Glaubwürdigkeit.

Interpretation unter besonderer Berücksichtigung des sprachlichen Ausdrucks

Der Text besteht **inhaltlich** aus **zwei Teilen**. Im ersten berichtet der Erzähler über Waldemars Weg vom Gartenlokal zu Stine. Der zweite enthält das Gespräch zwischen beiden Figuren.
Im ersten Teil beginnt der Erzähler mit ruhigen, sachlich gehaltenen **Parataxen** (Z. 1 f.) und endet ebenso (Z. 12–16). Mit der Perspektive aber wechseln Syntax und Stil.

1. Textabschnitt: Erzählerbericht

Nachdem Waldemar das Gartenlokal verlassen hat, wendet er sich noch einmal um. Sein Blick kann sich „nicht losreißen" (Z. 7) von dieser Welt einfacher, ihm vertrauter Dinge. Er fängt sich an vielerlei Gegenständen, denen **Adjektive** zugewiesen werden („wackeligen", Z. 3; „primitive", „eingeschnittenen", „zahllose", Z. 4; „verlassene", „grüner", Z. 6), die in erster Linie nicht der Präzisierung dienen, sondern den Versuch darstellen, die Gegenstände visuell festzuhalten, um sich ihrem Wesen noch einmal liebevoll anzunähern. Diese Funktion kommt auch dem **Vergleich** „wie kleine Schilde" (Z. 5) und besonders der **Personifikation, Antithese** und leisen **Anspielung** „die Lichter und Schatten tanzten" (Z. 7) zu. Waldemar möchte das Geschaute im Bewusstsein bewahren, weil ihn das Gefühl beschleicht, „daß er's nicht wiedersehen werde" (Z. 8 f.). Dem Leser wird eine wehmütige Abschiedsstimmung vermittelt. Dies geschieht auch durch die Verwendung des im **Konjunktiv** stehenden Vergleichsatzes „als ob er ein bestimmtes Gefühl habe" (Z. 8), der die Realität der Situation verfremdet und ins Unwirkliche hebt. Verstärkt wird dies durch den folgenden Gebrauch des **Futurs** „daß er's nicht wiedersehen werde" (Z. 8 f.) Das Stehenbleiben und sich Umschauen in den eben verlassenen Garten und vertrauten Raum erhält durch das Futur eine zeitliche Dimension: das Zurückblicken in die Vergangenheit. Waldemars Zögern und sein wiederholtes Stehenbleiben spiegeln sich auch in der gedehnten **hypotaktischen Syntax** (vgl. Z. 3–9).

Unterbrechung: der innere Monolog

Die Intensität des inneren Monologs wird durch mehrere rhetorische Figuren verstärkt. „Glück, Glück. Wer will sagen, was du bist und wo du bist!" (Z. 9) **Geminatio, Ausruf, Alliteration, Epipher** und **Personifikation** gewähren Einblick in die Stimmungslage und innere Bewegtheit der Figur, deren Anspannung in der durch Kursivdruck hervorgehobenen **Antithese** „In Sorrent [...] unglücklich, und *hier* bin ich glücklich gewesen" (Z. 9–11) zum Ausdruck kommt. Obwohl Waldemar sich mit Stine noch nicht ausgesprochen hat, erscheint ihm dieses Glück zu Ende: „*hier* bin ich glücklich gewesen" (Z. 10 f.).

Wiederholt unterbricht er seinen Weg, als fiele ihm dieser besonders schwer. Er wendet sich „flußabwärts“ (Z. 11) und überschreitet die Spree über die „Moabiterbrücke“ (Z. 11), um ans andere Ufer zu gelangen. In der Literatur stellen Fluss und Brücke wichtige **Motive** dar. Der Fluss fungiert oft als Grenze zwischen unterschiedlichen Welten und seine Überquerung bedeutet eine endgültige Entscheidung. Im *Nibelungenlied* ist die Überquerung der Donau ein Hinweis auf eine Fahrt ohne Rückkehr. In der antiken Mythologie bedeutet der Fluss die Grenze zwischen der lebendigen Welt und dem Toten- oder Schattenreich. Von daher erklärt sich auch Waldemars Faszination von den tanzenden „Lichter[n] und Schatten“ (Z. 7) auf der Tischplatte im Gartenlokal. Sie stellen eine **Allusion** auf sein Leben dar. Er befindet sich in einer Brücken-Situation, in der Leben und Tod in gleicher Weise möglich erscheinen, – noch fehlt ja Stines Entscheidung.

Fortsetzung des Erzählerberichts

Der Dialogteil beginnt mit einem spannungstragenden **Gegensatz:** „glücklich“ steht gegen „Sorge“ (Z. 17 f.). Stines beharrendes Fragen, nur kurz von einer Erklärung und einem **Zitat** unterbrochen (Z. 23–25), und Waldemars ausweichende, abschwächende Antworten bestimmen den Abschnitt. Auf Stines wiederholende **Frage** reagiert Waldemar mit einer **Anadiplose**: Stine: „Aber nun sage, was ist?“ Waldemar: „Was ist?“ (Z. 25 f.). Es ist, als fehlten ihm die Worte. Er nimmt ihre Frage auf und ergänzt seine Aussage mit zwei **Ellipsen**, die sich **euphemistisch steigern**: „Eine Kleinigkeit. Eigentlich nichts.“ (Z. 26) Dann folgen unverbindliche Aussagen, die Stine, die sich nicht mehr länger hinhalten lassen will, unterbricht. Sie erkennt den Sachverhalt und fordert Waldemar zum Reden auf (Z. 29). Damit endet die erste Gesprächsphase. Von Beginn an ist die Situation belastet. Beide Partner stehen unter Spannung, beide sind von dunklen Ahnungen erfüllt. Waldemar will sich äußern, findet nicht die rechten Worte, um sein und des Onkels Verhalten Stine schonend zu unterbreiten, und diese vermutet, dass sein verfrühtes Erscheinen einen schlimmen Anlass haben könnte.

2. Textabschnitt
1. Teil: der Dialog

Waldemar fasst sich ein Herz und beginnt zu sprechen. Doch bereits nach wenigen Sätzen kommt er ins Stocken, setzt neu an und teilt Stine mit, dass er dem Onkel seine Liebe zu ihr und seine Heiratsabsicht gestanden habe. Dann aber, nach einem Moment des Aufatmens, als hätte ihn die Aussage Überwindung gekostet, wiederholt er sich nach einem sich selbst bestärkenden „Ja“ (Z. 33), und seine Wünsche und Bitten an den Onkel brechen gleichsam in einem Atemzug aus ihm heraus.
Jetzt folgen in schnellem **Wechsel Rede und Gegenrede.** In Stines fragendem „Und?“ (Z. 37) pointiert sich die angesammelte Spannung. Es stellt einen **dramatischen Höhe- und Wendepunkt** dar,

dem sogleich, indem Waldemar das Wort aufnimmt und von des Onkels Ablehnung berichtet, alle Spannung entzogen wird. Was bleibt, ist Stines klagender **Ausruf** über das verlorene Glück (Z. 39). Waldemars deplazierter Einwurf (Z. 40) wird überhört und die Klage wiederholt.

2. Teil: Stines Monolog

Mit dieser **Wiederholung** beginnt Stine eine längere Replik, in der sie sich mit der neuen Situation auseinandersetzt. Zunächst wirft sie sich in einer **Selbstanrede** ihre Schuld vor: „Und ich Ärmste bin schuld daran." (Z. 41 f.) Stine wiederholt ihre Anklage, und diese Bürde wiegt im Augenblick so schwer, dass das Subjekt gleichsam von ihr erdrückt wird und der Satz **elliptisch** verkümmert: „Bin schuld, [...]" (Z. 42). Nun stürzen wie ein Sündenbekenntnis Erklärungen aus ihr heraus, wobei die zahlreichen satzeinleitenden **Konjunktionen** („Und") nicht nur Pausen reduzieren und Aussagen beschleunigen, sondern auch durch ihre **Anaphorik** den Rhythmus einer Selbstgeißelung, etwa eines sich permanent auf die Brust schlagenden „mea culpa" anzunehmen scheinen. Stine wirft sich unter Verwendung eines **Selbstzitats** (Z. 44) vor, dass sie über dem Glück des Augenblicks die Realitäten und damit das Wissen über die zeitliche Begrenztheit ihrer Freude aus ihrem Bewusstsein verdrängt habe. **Geminatio** und **Steigerung** halten ihren Schmerz fest („viel, viel schneller", Z. 47), der sie schließlich auch in einen Vorwurf gegen Waldemar treibt: „und unser Glück ist hin, [...] bloß weil du wolltest, daß es dauern solle" (Z. 46 f.).

Innerlich zunehmend aufgewühlter, lässt sie Waldemar, der etwas entgegnen möchte, nicht zu Wort kommen. Sie verwirft seinen Amerikaplan als Illusion, als Flucht, die sie nicht akzeptieren kann, weil sie das eigentliche Problem nicht löst, sondern nur eine „Zeitlang" (Z. 51 f.) kaschiert. Sie steigert die Eindringlichkeit ihrer Rede durch **Wiederholungen** einfacher Wörter (Formen von „gehen", Z. 50 f.; auffällig auch das Verneinungswort „nicht": viermal in zwei Zeilen, Z. 50, 52) und **Beschwörungsformeln**: „Aber glaube mir" (Z. 50), „Glaube nicht" (Z. 52), „Sieh" (als **Polyptoton**, Z. 52), „Ja, Waldemar, so ist es" (Z. 55); „Siehst du, so war es auch mit uns" (Z. 59 f.). Vielfach leitet sie ihre Erklärungen mit der einschränkenden **Konjunktion** „[a]ber" ein (Z. 50, 51, 54, 58).

Sie kann Waldemars Heiratsabsicht nicht zustimmen. Zu groß ist der soziale „Unterschied" (Z. 52). Eine Eheschließung würde sie beide zu stark belasten und verändern. Als „Gräfin Haldern" käme sie sich „albern und kindisch" (Z. 54 f.) vor. Als Nichtadelige müsste sie eine Rolle „spielen" (Z. 55) und würde sich selbst damit untreu werden. Für Waldemar wäre sie nur eine Last. Deshalb gebe es nur einen Ausweg: die Trennung. Sie wiederholt die Tatsache, auch um diese sich selbst noch einmal ermutigend vor Augen zu halten: „vorbei, vorbei" (Z. 60). Mit einer **Metapher** lehnt sie Waldemars

Absicht, sie auch gegen den Widerstand seiner Familie zur Frau zu nehmen, ab (Z. 62). Sie fordert ihn auf, sie zu vergessen, um „frei" (Z. 63) zu sein. Und im angefügten „gerade du" (Z. 63) sammelt sich noch einmal alle ihre verzweifelte Liebe.

Im zweiten Teilauftrag soll das zentrale Glücksmotiv mit dem in „Irrungen, Wirrungen" verglichen und dessen Entwicklung in der Literatur knapp skizziert werden. Beginnen Sie den Motivvergleich mit Erläuterungen zur unterschiedlichen Bestimmung von Glück und zu den in den Texten zum Ausdruck kommenden zerstörerischen Kräften. Zeigen Sie dann in weiteren Arbeitsschritten die Reaktionen der Figuren und die Folgen ihres Verhaltens auf.
Die Formulierung der letzten Detailaufgabe lässt erkennen, dass eine kürzere Darstellung erwartet wird. Hier sollen Sie nachweisen, dass Sie in der Lage sind, aus der Fülle der literarischen Möglichkeiten Beispiele herauszugreifen und in einem pointierten Überblick anzubieten.

Das Glücksmotiv im Vergleich zu dem in „Irrungen, Wirrungen"

„Glück, Glück. Wer will sagen, was du bist und wo du bist!" (Z. 9) Waldemars Fragen zeigen die Schwierigkeiten bei der Bestimmung von Glück. So hat er sich vor Capri – für viele Menschen geradezu ein Topos für erträumte Sehnsüchte und Glücksvorstellungen – „elend und unglücklich" (Z. 10) gefühlt, während er bei Stine und ihrer einfachen Welt tiefes Glück erleben konnte. An Waldemars Erfahrungen kann man erkennen, dass **Glücksempfindungen persönlicher Natur** sind. Sie hängen von den jeweiligen Bedürfnissen und Wünschen der Menschen ab. So gibt es **keine verbindliche Definition von Glück**. Allgemein lässt sich lediglich sagen, dass Glück mit subjektiven Empfindungen wie Zufriedenheit, Freude und Wohlbefinden zu tun hat.
Zu Problemen kommt es, wenn sich dem Einzelnen bei der Suche nach Zufriedenheit und einem sinnvollen Leben behindernde Kräfte in den Weg stellen. Diese können aus unterschiedlichen Bereichen stammen: aus der Politik, der Gesellschaft, der Wirtschaft, der Religion, selbst der Natur und dem eigenen Charakter. In Fontanes *Stine* und *Irrungen, Wirrungen* prägen soziale Klassenunterschiede die hierarchisch strukturierte Gesellschaft des Kaiserreichs. Enges Klassendenken begrenzt individuelle Möglichkeiten und führt dort, wo der Mensch sein Glück gegen die gesellschaftlichen Normen durchsetzen möchte, zu Leid und tragischen Konflikten.

der Umgang der Figuren mit dem Konflikt zwischen Glück und Klassengrenzen

In beiden Romanen verbindet die Liebe Menschen aus der Welt des Adels und der des vierten Standes miteinander. In *Stine* sind es Graf Waldemar von Haldern und die Näherin Stine Rehbein, in *Irrungen, Wirrungen* Baron Botho von Rienäcker und die Büglerin Lene Nimptsch. Alle Figuren wissen von der Problematik ihrer Beziehungen. Sie gehen aber unterschiedlich mit den Verhältnissen um.

Waldemar

Waldemar will sein Glück nicht auf wenige Abendstunden bei Stine beschränkt sehen. Offenbar widerspricht die Abhängigkeit des Glücks von einer befristeten Zeit seinen Vorstellungen. Wie er sich vom Vertrauten „nicht losreißen“ (Z. 7) kann, scheint er es nicht zu ertragen, dass auch das Schöne dem Vergänglichen unterliegt. Glück bedeutet für ihn ein **dauerhaftes** positives Gefühl, wie es sich im langen Zusammenleben mit einem geliebten Menschen realisiert. Deshalb will er Stine heiraten. Den voraussehbaren Schwierigkeiten mit seiner adeligen Familie und der Gesellschaft möchte er durch die Auswanderung nach Amerika entgehen.

Alle anderen Figuren sind sich der **Endlichkeit ihres Glücks** zwar bewusst, reagieren aber unterschiedlich.

Stine

Stine weiß, dass ihr Glück „nicht ewig dauern“ (Z. 45) kann, sie begreift es als **befristetes Geschenk**, als zeitlich begrenztes Zusammensein mit einem geliebten Menschen. Deshalb ist ihr Grundsatz: „freue dich, solange du dich freuen kannst“ (Z. 44). Sie fragt nicht nach dem, was kommen mag (Z. 43), denn die glücklichen Stunden mit Waldemar sind ihr Erfüllung genug. Indem sie sich diese nicht durch Zukunftssorgen belasten lässt, sondern in ihnen vollkommen aufgeht, fühlt sie, dass dieses sich Begnügen ihr allen Reichtum schenkt und sie **im glücklichen Augenblick Zeitloses** erfährt: „Sieh, es war mein Stolz, ein so gutes Herz wie das deine lieben zu dürfen, und daß es mich wieder liebte, das war meines Lebens höchstes Glück.“ (Z. 52–54)

Lene

Ähnlich äußert sich Lene zu ihrer Nachbarin, Frau Dörr: „Wenn ich einen liebe, dann liebe ich ihn. Und das ist mir genug. Und will weiter gar nichts von ihm, nichts, gar nichts […]“ (3. Kapitel). Und im Dörr’schen Garten sagt Lene zu Botho: „Glaube mir, dass ich dich habe, diese Stunde habe, das ist mein Glück. Was daraus wird, das kümmert mich nicht.“ (5. Kapitel)

nochmals Stine

Im Gegensatz zu Waldemar, der sich ein dauerhaftes Glück erträumt, ist Stine Realistin. Sie begreift, dass gerade im Akzeptieren des Flüchtigen sich das Bleibende verwirklichen kann, dass sich Glück nicht erzwingen und festhalten lässt. Und so wirft sie dem Geliebten vor: „[U]nser Glück ist hin, viel, viel schneller als nötig, bloß weil du wolltest, daß es dauern solle.“ (Z. 46 f.) Ebenso ist Amerika für sie kein Land der Verheißung; sie glaubt in Waldemars Absichten realitätsferne Träumerei zu erkennen: „Aber glaube mir, *es geht auch drüben nicht*.“ (Z. 50) Bereits nach kurzer Zeit würden sie von den Verhältnissen eingeholt und vom Glück verlassen werden.

Botho

Botho liebt Lene. Wie sie weiß auch er um die zeitliche Begrenztheit ihrer Beziehung, über der stets die dunkle Frage steht, „wie lange das Glück noch dauern werde“ (11. Kapitel). Lene hat seine Abhängigkeit und Schwäche schon früh erkannt: „Du liebst mich und bist schwach. Daran ist nichts zu ändern. Alle schönen Männer sind schwach, und der Stärkere beherrscht sie … Und der Stärkere … ja, wer ist der Stärkere? Nun entweder ist's deine Mutter oder das Gerede der Menschen, oder die Verhältnisse." (5. Kapitel) Botho besitzt weder Kraft noch Mut, gegen die Normen der Gesellschaft zu leben. Diese sind bei Eheschließungen besonders bestimmend. Wichtigste Voraussetzung ist eine standesgemäße Braut. Deren finanzielle Mitgift stellt einen ebenfalls wesentlichen Aspekt dar. In jedem Fall bedarf die Wahl der Ehefrau der elterlichen Zustimmung. Eigenschaften und Aussehen spielen dagegen eine nachgeordnete Rolle. Bothos Onkel und seine Mutter drängen ihn zu einer standesgemäßen Heirat. Die vorgesehene adelige Braut verfügt über genügend finanzielle Mittel, Bothos Situation zu sanieren. So fragt er sich, was ihn daran hindere, diesen Schritt zu tun, den man von ihm erwarte. „Will ich Lene heiraten? Nein. Hab ich's ihr versprochen? Nein. Erwartet sie's? Nein. […] Und nun frag ich mich, war mein Leben in der ‚Ordnung'? Nein. Ordnung ist Ehe." (14. Kapitel) Einen „Mittelkurs", also „Ehe ohne Ehe" (23. Kapitel), wie ihn ein Bekannter, Bogislav von Rexin, praktizieren möchte, lehnt Botho ab. Er scheut mögliche Konflikte und glaubt, dass die Kraft des Herzens der Macht der Gesellschaft nicht gewachsen sei.

Analyse der Folgen der unterschiedlichen Entscheidungen

Die Entscheidungen und Folgen sind unterschiedlich. Botho kehrt in seine Ordnung zurück. Auch wenn die Erinnerung an Lene zuweilen schmerzt, geht das Leben doch weiter. Er heiratet seine reiche, schöne, aber oberflächliche und „dalbrige" Kusine Käthe, die ihn von allen Geldsorgen befreit. Obwohl ihn ihre übertriebene gute Laune, ihre Vorliebe für Vergnügungen und schöne Kleider befremden, versucht er sich zu arrangieren. Doch sein großes Glück hat er verloren und mit ihm eine Welt von „Einfachheit, Wahrheit, Natürlichkeit" (14. Kapitel), um das zu empfangen, was ihn einst angewidert hat, das „Unwahre, Geschraubte, Zurechtgemachte" (14. Kapitel). Resignierend bleibt ihm die Erinnerung.

Botho

Auch Waldemar scheint schwach, doch ist er sich dieser Schwäche bewusst. Die Absicht, nach Amerika zu fahren (wo es nach Meinung von Gideon Franke in *Irrungen, Wirrungen* „viele Glückswege" gibt), muss deshalb nicht eine verstiegene Träumerei sein, sondern kann auch als der Versuch betrachtet werden, dem Glück eine Chance zu geben. Erst nachdem ihm Stine eine Absage erteilt hat, ändert er seinen Weg, nicht aber seine Haltung, deren Konsequenz der **Selbstmord** ist.

Waldemar

Stine begründet ihre Weigerung, Waldemar zu heiraten, mit dem sozialen „Unterschied" (Z. 52), der sie beide trennt. Als „Gräfin Haldern" (Z. 55) käme sie sich „albern und kindisch" (Z. 54 f.) vor, denn sie müsste eine Rolle „spielen" (Z. 55), in der sie sich selbst fremd werden würde.

Stine

Stine und Lene durchleben das Scheitern ihrer Beziehungen intensiver und leidvoller als Waldemar und Botho. Ihre ganze Kraft ist gefordert. Im ersten Augenblick beklagt Stine, dass „alles falsch" (Z. 46) gewesen und sie „schuld" (Z. 42) sei, weil sie es „habe gehen lassen" (Z. 42). Erst nach ihrem Affektausbruch findet sie zur inneren Größe, die **Entsagung** bedeutet: „Vergiß mich; [...] ich mag keine Kette für dich sein [...]" (Z. 61 f.) Der Erzähler deutet wiederholt die unterschiedlichen Positionen Waldemars und Stines an, so wenn er Stine zu Waldemar hinunterschauen und ihn zu ihr hinaufsteigen lässt. In der *menschlichen Hierarchie* kommt *ihr* der Adel des Herzens zu.

Lene

Als Botho sich von Lene verabschiedet und es ihn quält, dass er ihr Unrecht getan hätte, spricht sie ihn frei. Sie betont, dass es ihr Entschluss gewesen sei, ihr Schicksal; und wenn man von Schuld sprechen könne, so sei es ihre Schuld, über die, so fügt sie hinzu, sie sich freue, weil sie ihr Glück war. Und sie tröstet ihn, dass sich später alles schon wieder zurecht rücke, auch wenn man ohne Glück leben müsse. Die hier zum Ausdruck kommende Stärke besitzt sie nicht immer. Als sie nach der Trennung zufällig Botho mit Käthe scherzend auf der Straße sieht, erleidet sie einen Schwächeanfall. Sie zieht mit Frau Nimptsch in eine andere Gegend, weil sie ein neues Zusammentreffen mit Botho nicht ertragen könnte. Jahre später heiratet sie einen redlichen Bürger.

Das Glücksmotiv in der Literatur ...

Das Streben des Menschen nach Glück wird in der Literatur häufig zum Thema gemacht. Die bekanntesten Ausprägungen des Motivs finden sich wohl in den **Märchen** von *Hans im Glück* und *Aschenputtel*. Während es im ersten um eine existenzielle Aussage geht, zeigt das zweite die **Umkehrung der von Fontane realistisch dargestellten historischen Situation**. Die Märchen vermitteln, dass dem Menschen Glück beschieden ist, der ein reines, von Egoismen freies Herz besitzt und sich von guten Mächten leiten lässt.

... der Renaissance

Da Glück eine subjektive Erfahrung ist, kann es erst dann Beachtung finden, wenn sich der Mensch seiner **Individualität** bewusst wird. Dieser Prozess beginnt, von Ausnahmen abgesehen, in der Renaissance. In Johann von Tepls Streitgespräch *Der Ackermann aus Böhmen* beklagt ein Ackermann den Tod seiner Frau als großes Unglück.

... des Barock

Die chaotischen Verhältnisse im Dreißigjährigen Krieg erzeugten bei den Menschen ein Gefühl tiefer Unsicherheit. Das **Glück** wurde als **launische Göttin** (Fortuna) betrachtet. Angesichts ihrer Unberechenbarkeit forderten viele Dichter des Barock, wie etwa Andreas Gryphius, dazu auf, irdischer Eitelkeit und Vergänglichkeit (Vanitas) abzuschwören und das Heil im Glauben zu suchen.

Das zentrale Schlagwort der Aufklärung ist „**Vernunft**“. Richtig eingesetzt dient sie dazu, den Menschen glücklich zu machen und seinem Leben einen Sinn zu geben. Die Vernunft zeigt Grenzen, aber auch Möglichkeiten des Menschen auf. Der **Erziehungs- und Bildungsroman**, der mit dieser Epoche in Mode kommt, beschreibt, wie der Einzelne jene Fähigkeiten erwerben kann, die zu einem harmonischen Zusammenleben in der Gesellschaft nötig sind.

... der Aufklärung

Die Autoren des Sturm und Drang vertraten die Auffassung, dass sich Genie und überkommene Regeln widersprechen. Zufriedenheit suchte man durch **Individualität und Originalität** zu erreichen, doch das Aufbegehren der literarischen Helden gegen gesellschaftliche Normen und Autoritäten wie in Schillers *Die Räuber* und Goethes *Werther* beendeten rasch den illusionären Höhenflug. Als zu stark erwies sich der „notwendige Gang des Ganzen“ (Goethe) gegenüber dem fordernden Anspruch des Ich. In dieser Epoche **enden hybride Glückserwartungen tragisch**.

... des Sturm und Drang

Für die Klassiker ist Glück das **Ergebnis eines langen Prozesses inneren Reifens und Entsagens**. Goethes *Iphigenie auf Tauris* und *Wilhelm Meister* veranschaulichen dies auf beispielhafte Weise.

... der Weimarer Klassik

Eichendorffs Gedicht *Die zwei Gesellen* zeigt gegensätzliche Lebensschicksale von Menschen, die aufbrechen, um das Glück zu suchen. Der eine Geselle findet es dauerhaft, aber ohne Höhepunkte, in Familie, Haus und Hof, der andere erfährt es im intensiven, ihn zugleich vernichtenden Augenblick. Viele Romantiker zeigen, dass das Glück in **Aufbruch und Wanderung** nach einem sehnsuchtsvoll gesuchten, aber unerreichbaren Ziele liegt.

... der Romantik

Widrige politische Verhältnisse der Restaurationszeit lenken den Blick auf das **kleine, private Glück**, den stillen Frieden in häuslicher Geborgenheit, gediegener Wohnkultur und gebildeter Geselligkeit.

... der Restaurationszeit

Spätestens seit Mitte des 19. Jahrhunderts wird erkennbar, dass ein harmonischer Zustand des Wohlbefindens in der Literatur immer seltener wird. Das hängt mit dem Helden zusammen, dem weder höhere Mächte noch orientierende Werte zu Seite stehen. Die Figuren verlieren ihre gestaltende Kraft, sie werden zu Opfern. Den **modernen passiven oder Antihelden** ist **kein Glück** beschieden.

... des poetischen Realismus

Die **Aufgabe, glückliche Figuren zu präsentieren**, hat in der Moderne die **Trivialliteratur** übernommen. Sie bietet typisierte Märchenhelden, die nach einer Reihe von bestandenen Gefahren ein Happyend erfahren. Damit werden die Wünsche eines breiten Publikums nach Identifikation und einer heilen Welt befriedigt. Allerdings bedeutet Typisierung auch Individualitätsferne. Mit anderen Worten: Diese Helden sind unfähig, Glück persönlich zu empfinden. Damit scheint sich ein Kreis zu schließen. Der Mensch kehrt wieder in die Anonymität zurück. Seine Gefühle werden ihm von außen vermittelt. **Persönliches Glücksempfinden** wird zur **Fiktion**.

... der Moderne

Leistungskurs Deutsch (Nordrhein-Westfalen) – Übungsaufgabe 7: II A: Analyse eines literarischen Textes mit weiterführendem Schreibauftrag

Arbeitsgrundlagen:
Bernhard Schlink, *Der Vorleser* (Dritter Teil, Kapitel 2)

Aufgaben:
1. Analysieren Sie den Romanauszug.
2. Setzen Sie sich mit dem letzten Satz des Kapitels vor dem Hintergrund Ihres Wissens zum Themenbereich *Sprechen – Denken – Wirklichkeit* auseinander.

Erlaubte Hilfsmittel: ein Wörterbuch der deutschen Rechtschreibung und eine unkommentierte Textausgabe von *Der Vorleser*

Bernhard Schlink (geb. 1944)
Der Vorleser (1995)

Dritter Teil, Kapitel 2

Ich habe als Referendar geheiratet. Gertrud und ich hatten uns auf der Skihütte kennengelernt, und als die anderen am Ende der Ferien zurückfuhren, blieb sie noch, bis ich aus dem Krankenhaus entlassen wurde und sie mich mitnehmen konnte. Auch sie war Juristin; wir studierten zusammen, bestanden zusammen das Examen und wurden zusammen Referendare. Wir heirateten, als Gertrud ein Kind erwartete.

Ich habe ihr nichts von Hanna erzählt. Wer will, dachte ich, von den früheren Beziehungen des anderen hören, wenn er nicht deren Erfüllung ist? Gertrud war gescheit, tüchtig und loyal, und wenn es unser Leben gewesen wäre, einen Bauernhof zu führen mit vielen Knechten und Mägden, vielen Kindern, viel Arbeit und ohne Zeit füreinander, wäre es erfüllt und glücklich geworden. Aber unser Leben waren eine Dreizimmerwohnung in einem Neubau in einem Vorort, unsere Tochter Julia und Gertruds und meine Arbeit als Referendare. Ich habe nie aufhören können, das Zusammensein mit Gertrud mit dem Zusammensein mit Hanna zu vergleichen, und immer wieder hielten Gertrud und ich uns im Arm und hatte ich das Gefühl, daß es nicht stimmt, daß sie nicht stimmt, daß sie sich falsch anfaßt und anfühlt, daß sie falsch riecht und schmeckt. Ich dachte, es würde sich verlieren. Ich hoffte, es würde sich verlieren. Ich wollte von Hanna frei sein. Aber das Gefühl, daß es nicht stimmt, hat sich nie verloren.

Als Julia fünf war, haben wir uns scheiden lassen. Wir konnten beide nicht mehr, sind ohne Bitterkeit gegangen und in Loyalität verbunden geblieben. Gequält hat mich, daß wir Julia die Geborgenheit verweigerten, die sie sich spürbar wünschte. Wenn Gertrud und ich einander vertraut und zugetan waren, schwamm Julia darin wie ein Fisch im Wasser. Sie war in ihrem Element. Wenn sie Spannungen zwischen uns merkte, lief sie vom einen zum anderen und versicherte, wir seien lieb und sie habe uns lieb. Sie wünschte sich ein Brüderchen und hätte sich wohl auch über mehr Geschwister gefreut. Sie begriff lange nicht, was Scheidung bedeutet, und wollte, wenn ich zu Besuch kam, daß ich bleibe, und wenn sie mich besuchte, daß Gertrud mitkommt. Wenn ich ging und sie aus dem Fenster sah und ich unter ihrem traurigen Blick ins Auto stieg, brach es mir das Herz. Und ich hatte das Gefühl, daß das, was wir ihr verweigerten, nicht nur ihr Wunsch war, sondern daß sie ein Recht darauf hatte. Wir haben sie um ihr Recht betrogen, indem wir uns haben scheiden lassen, und daß wir es gemeinsam taten, hat die Schuld nicht halbiert.

Meine späteren Beziehungen habe ich besser an- und einzugehen versucht. Ich habe mir eingestanden, daß eine Frau sich ein bißchen wie Hanna anfassen und anfühlen, ein bißchen wie sie riechen und schmecken muß, damit unser Zusammensein stimmt. Und ich habe von Hanna erzählt. Ich habe den anderen Frauen auch mehr von mir erzählt, als ich Gertrud erzählt hatte; sie sollten sich ihren Reim auf das machen können, was ihnen an meinem Verhalten und meinen Stimmungen befremdlich erscheinen mochte. Aber viel wollten die Frauen nicht hören. Ich erinnere mich an Helen, eine amerikanische Literaturwissenschaftlerin, die mir wortlos begütigend über den Rücken strich, als ich erzählte, und ebenso wortlos begütigend weiterstrich, als ich zu erzählen aufhörte. Gesina, eine Psychoanalytikerin, meinte, ich müsse mein Verhältnis zu meiner Mutter aufarbeiten. Falle mir nicht auf, daß meine Mutter in meiner Geschichte kaum vorkomme? Hilke, eine Zahnärztin, fragte immer wieder nach der Zeit, bevor wir zusammengekommen waren, aber vergaß alsbald, was ich ihr erzählte. So gab ich das Erzählen wieder auf. Weil die Wahrheit dessen, was man redet, das ist, was man tut, kann man das Reden auch lassen.

Aus: Bernhard Schlink: Der Vorleser. Roman. Zürich: Diogenes Verlag 1995, S. 164–166

Hinweise und Tipps

Die Aufgabe verbindet die für das Zentralabitur verbindliche Lektüre „Der Vorleser" von Bernhard Schlink mit der ebenfalls obligatorischen Thematik „Sprechen – Denken – Wirklichkeit".

Im Mittelpunkt der ersten Teilaufgabe steht eine genaue Textanalyse. Dabei soll die Darstellung inhaltlicher und sprachlicher Besonderheiten des vorgelegten Kapitels zu einer fundierten Interpretation führen, die mit Textbelegen versehen ist. Eine genaue Kenntnis des Romans, besonders unter dem Aspekt der Beziehung des Erzählers zu Hanna und der damit verbundenen Schuldproblematik, ist für die Erschließung dieses Textauszugs unabdingbar.

Lösungsvorschlag

Einleitung

Der Bestseller *Der Vorleser,* erschienen 1995, erzählt die Geschichte der Beziehung des Protagonisten Michael Berg zu der Analphabetin und ehemaligen KZ-Aufseherin Hanna Schmitz. Der Roman ist in drei Teile unterteilt und aus der Rückschau des Ich-Erzählers verfasst.
Als Fünfzehnjähriger geht Michael Berg eine Liebesbeziehung zu der wesentlichen älteren Frau ein (1. Teil). Jahre später begegnet er ihr als Jurastudent im Gerichtssaal überraschend wieder. Sie wird beschuldigt, am Tod von Häftlingen aus Auschwitz mitschuldig zu sein (2. Teil). Nach ihrer Verurteilung schickt Michael ihr besprochene Kassetten ins Gefängnis, Hanna lernt autodiaktisch lesen und schreiben. Vor ihrer Entlassung setzt Hanna ihrem Leben ein Ende (3. Teil).
Der vorliegende Auszug gehört in die Anfangspartie des dritten Teils, in denen Michael Berg vor allem auch seine berufliche und private Entwicklung reflektiert.

Teilaufgabe 1
Untersuchungsschwerpunkte

Das zweite Kapitel des dritten Teils des Romans *Der Vorleser* ist – trotz seines geringen Umfangs oder vielleicht sogar deswegen – für den Leser äußerst aufschlussreich, weil Michael hier seine Beziehungen zu anderen Frauen in frappierender Kürze erzählt. So ist hier zu untersuchen, wie sich diese Beziehungen gestalten und besonders, warum diese scheitern müssen.

Inhalt

In diesem Kapitel erzählt Michael von seiner gescheiterten Ehe, der wechselnde Beziehungen folgen.
Während der Referendarzeit heiratet er Gertrud, die er bereits im Studium kennengelernt hatte. Auch sie hat Jura studiert, Examen und Referendarzeit legten sie gemeinsam ab. Die Schwangerschaft Gertruds ist Anlass für die Hochzeit.
Als Gründe für das Scheitern der Ehe gibt Michael zum einen die beengten Lebensumstände an, zum anderen, dass er seine Ehefrau stets mit Hanna verglichen und dabei das Gefühl gehabt habe, dass es nicht stimme, dass sie nicht stimme, wie er sich ausdrückt. Als die Tochter Julia fünf Jahre alt ist, lässt sich das Paar in gegenseitigem Einvernehmen scheiden. Seiner Tochter gegenüber fühlt sich Michael schuldig, weil er ihr die Möglichkeit eines geborgenen Familienlebens genommen hat, worauf sie seiner Meinung nach ein Recht gehabt hätte.
Seine folgenden Beziehungen zu Frauen geht Michael anders an. Er erzählt ihnen von Hanna, die er Gertrud gegenüber verschwiegen hatte. Auch von sich selbst gibt er ihnen mehr preis. Zudem wählt er die Frauen bewusst so aus, dass sie ihn an Hanna erinnern.

Er muss aber feststellen, dass auch diese Art, Beziehungen zu leben, nicht von Erfolg gekrönt ist. Die Frauen – beispielhaft nennt er eine Literaturwissenschaftlerin, eine Psychoanalytikerin und eine Zahnärztin – sind nicht wirklich an seiner Vergangenheit und seinem Versuch, die damit verbundenen Gefühle zu bewältigen, interessiert. So verzichtet er schließlich ganz darauf, von sich und Hanna zu erzählen.

Situierung im Handlungszusammenhang des Romans

Der dritte Teil des Buchs setzt nach dem Abschluss des Prozesses gegen Hanna ein. Um diese für ihn verstörenden Erlebnisse zu verdrängen, stürzt Michael sich in die Arbeit für sein Studium. Nur in den Weihnachtsferien gönnt er sich eine Pause und fährt mit seinen Kommilitonen zum Skifahren, erkrankt dort und betrachtet Erkrankung und Genesung als Verarbeitung des Wiedersehens mit Hanna. Zeitgleich mit dem Beginn seines Referendariats setzt in der Bundesrepublik Deutschland die Studentenbewegung ein, unter deren Druck es auch zu breiteren Ansätzen einer Aufarbeitung der nationalsozialistischen Vergangenheit der Deutschen kommt. Diesem gesellschaftlichen Aufbruch steht Michael jedoch distanziert gegenüber, weil er seine persönliche Verstrickung in die Diskussion um Täterschaft und Opferschaft aufgrund seiner Beziehung zu Hanna erkennt.

Analyse

Das eher kurze Romankapitel handelt in **zeitraffender Form** Michaels gescheiterte Ehe und seine folgenden Beziehungen ab. **Chronologisch** schließt es sich an das erste Kapitel des dritten Teils an, gibt aber im Folgenden einen Überblick über einen Zeitraum von mehreren Jahren. Die jeweils gewählte Textmenge entspricht dem Raum, den die beiden Frauen – Hanna und Gertrud – in Michaels Liebesleben einnehmen. So wurde der Schilderung der Beziehung zu Hanna der ganze erste Teil des Romans gewidmet. Für Gertrud bleiben hingegen nur drei Absätze im vorliegenden Kapitel. Auch im weiteren Verlauf der Erzählung werden seine ehemalige Frau und Tochter nicht mehr erwähnt.
Der erste kurze, lapidare Satz des Kapitels – „Ich habe als Referendar geheiratet“ – deutet bereits Michaels Unfähigkeit an, Beziehungen einzugehen. So wird die Ehefrau erst im folgenden Satz namentlich erwähnt. Zunächst steht nur der **Erzähler im Mittelpunkt**.

Charakterisierung Gertruds

Der Hinweis, dass Gertrud, seine Ehefrau, sich während seiner Erkrankung auf der Skifahrt um ihn gekümmert hat (Z. 1–3), zeigt ihr mütterliches, fürsorgliches Verhalten auf, welches in Teilen dem Hannas entspricht. Gesellschaftlich gesehen passt Gertrud aber – im Gegensatz zu Hanna – zu Michaels Lebensumfeld: Auch sie hat Jura studiert, das Examen bestanden und die Referendarzeit absolviert.

Auch intellektuell befindet sie sich also vermutlich auf seinem Niveau. Insgesamt belegt Michael seine Frau mit **positiven Attributen**: „Gertrud war gescheit, tüchtig und loyal“ (Z. 7 f.). Bei dieser Auflistung fällt allerdings auf, dass Michael in keiner Weise von Gefühlen zu seiner Frau oder von körperlicher Anziehungskraft spricht. Die Beschreibung würde für einen idealen Partner im Berufsleben passen, nicht aber für eine Ehefrau. Auch die vorausgegangenen Hinweise zum Lebenslauf seiner Frau – „Auch sie war Juristin; wir studierten zusammen, bestanden zusammen das Examen und wurden zusammen Referendare“ (Z. 3–5) – lassen eher auf eine Zweckgemeinschaft als auf eine Liebesbeziehung schließen.
Der zweite Absatz beginnt wie der erste mit einem kurzen, lapidaren Satz: „Ich habe ihr nichts von Hanna erzählt.“ (Z. 6) Sofort wird bei der Beschreibung der neuen Beziehung die vorherige ins Spiel gebracht. Hier deutet sich das Scheitern der Ehe bereits an, da von Anfang an Hanna zwischen den beiden zu stehen scheint. Der Umstand, dass Gertrud von Hanna nichts weiß, macht es ihr von vornherein unmöglich, neben der Konkurrentin bestehen zu können. Michael versucht sein Schweigen zu rechtfertigen, indem er anführt, dass niemand gern von der früheren Beziehung höre, wenn diese die bessere gewesen sei (Z. 6 f.).

Reflexion der Ehe

So ist es wenig verwunderlich, dass sich der zweite Absatz mit der **Erklärung des Scheiterns der Ehe** beschäftigt. So beschreibt Michael, unter welchen äußeren Umständen seine Ehe mit Gertrud seiner Auffassung nach hätte gelingen können – als Besitzer eines Bauernhofs mit vielen Knechten und Mägden, vielen Kindern und viel Arbeit (Z. 8–10) –; allerdings, und in diesem Punkt ist Michael ehrlich, „ohne Zeit füreinander“ (Z. 9 f.). Den tatsächlichen Bedingungen hingegen – der räumlichen Enge der Dreizimmerwohnung, der familiären Situation mit einem kleinen Kind und zwei berufstätigen Eltern –, diesen alltäglichen, durchaus nicht außergewöhnlichen Belastungen hält die Ehe nicht stand, weil ihr von Michaels Seite die emotionale Basis fehlt. Der Hauptgrund ist jedoch, dass Michael in Gertrud nicht das wiederfindet, was er bei Hanna zu haben glaubte. Bei dem **Vergleich** zwischen den beiden Frauen kommen körperliche und gefühlsbezogene Aspekte ins Spiel, die bei der Beschreibung Gertruds gefehlt hatten. Allerdings bleibt die Erinnerung an Hanna auch auf diese Aspekte reduziert, da die Beziehung zwischen Michael und Hanna sich nur auf dieser Ebene abgespielt hat. Ihr Verhältnis war ja von vornherein dadurch gekennzeichnet, dass es nur unter Ausschluss des Alltags und der Öffentlichkeit denkbar war.
Die **Wortwahl** Michaels ist an dieser Stelle verräterisch: Die Wiederholung des Wortes „falsch“ verlagert die Schuld auf Gertrud, die

noch nicht einmal etwas von dem Vergleich ahnt, dem sie ausgesetzt ist: „daß sie sich falsch anfaßt und anfühlt, daß sie falsch riecht und schmeckt“ (Z. 15 f.).
Die Begegnung und das Verhältnis mit Hanna haben Michael so geprägt, dass er sich diesem einschneidenden Erlebnis nicht mehr entziehen kann, obwohl er das gern möchte. Anhand zweier **parallel konstruierter** und fast gleichlautender Sätze, die in ihrer Anordnung als **Antiklimax** seine innere Resignation andeuten, verdeutlicht Michael diesen Wunsch: „Ich dachte, es würde sich verlieren. Ich hoffte, es würde sich verlieren.“ (Z. 16 f.). Im nächsten Satz erklärt Michael, was er unter „es“ versteht: „Ich wollte von Hanna frei sein.“ (Z. 17) Er ist sich seiner Abhängigkeit von ihr also nur zu gut bewusst.

Variation des Schuldmotivs

So beginnt denn der nächste Absatz mit dem Eingeständnis des Scheiterns der Ehe. Nur kurz wird erwähnt, dass auch seine Frau diese Ehe nicht mehr ertragen konnte (Z. 19 f.). Der dritte Abssatz thematisiert vor allem das Schuldgefühl des Erzählers gegenüber der gemeinsamen Tochter Julia. Er erkennt sehr genau die Bedürfnisse des Kindes. Mit zwei **Konditionalsätzen** stellt er ihr Verhalten in guten und in schlechten Zeiten gegenüber (Z. 22–25). Für die erzählerische Stilsicherheit Michaels eher ungewöhnlich, wird hier eine emotional aufgeladene, wenn auch eher abgedroschene **Metapher** benutzt: „ [...] brach es mir das Herz“ (Z. 29). Dieser vorübergehende Verlust der stilistischen, künstlerischen Kontrolle könnte darauf deuten, dass Michael, wenn er an seine Tochter denkt, ganz unmittelbar und distanzlos von seinen Gefühlen überwältigt wird. In der Verantwortung und in dem Versagen gegenüber der Tochter wird für ihn Schuld, die er im Roman immer wieder in Bezug auf Hanna und die Vätergeneration reflektiert, erneut konkret. Schonungslos benennt er seine Schuld gegenüber seinem Kind: „Wir haben sie um ihr Recht betrogen, indem wir uns haben scheiden lassen, und daß wir es gemeinsam taten, hat die Schuld nicht halbiert.“ (Z. 31 f.) Dieses Eingeständnis korrespondiert hier wie im gesamten Roman mit der Aussichtslosigkeit, sich der eingestandenen Schuld entledigen zu können. Im Folgenden werden auch keine Anstrengungen mehr seitens Michael Bergs genannt, seine Schuld zu verringern.

Versuch der Selbstoffenbarung

Im letzten Absatz schließlich erzählt der Ich-Erzähler von den folgenden Beziehungen zu Frauen. Auch hier ist Hanna das Steuerelement, denn die Freundinnen werden unter der Prämisse ausgewählt, dass sie mit ihr vergleichbar sind. Die gleichen Sinneswahrnehmungen wie oben werden als **Auswahlkriterien** genannt: „Ich habe mir eingestanden, daß eine Frau sich ein bißchen wie Hanna anfassen und anfühlen, ein bißchen wie sie riechen und schmecken muß, damit unser Zusammensein stimmt.“ (Z. 33–36) Auch mit fast denselben Worten wird kurz dargelegt, dass Michael nun den Frauen von Hanna berichtet. Hieß es im Zusammenhang mit seiner Ehefrau „Ich habe ihr nichts von Hanna erzählt“ (Z. 6), so heißt es nun: „Und ich habe von Hanna erzählt.“ (Z. 36) Von Hanna zu erzählen dient anscheinend auch als **Katalysator**, um von sich selbst mehr zu erzählen, da seine Persönlichkeit so sehr von ihr geprägt wurde. Michael erhofft sich, dass ihm die Frauen mehr Verständnis entgegenbringen, wenn er sich ihnen gegenüber öffnet. Auf diesem Wege versucht er, sein auf andere Frauen „befremdlich“ (Z. 38) wirkendes Denken und Fühlen nachvollziehbar zu machen.

erneutes Scheitern der Liebesbeziehungen

Aber diese neue Strategie scheint auch nicht von Erfolg gekrönt zu sein. Schließend berichtet Michael von wechselnden Liebesbeziehungen, eine neue feste Bindung oder gar Ehe geht er nicht mehr ein. Diesmal wird aber die Schuld latent den Frauen untergeschoben, die sich von sich aus nicht für das interessieren, was er zu erzählen hat. Er **illustriert** die Haltung der Frauen an **drei Beispielen**. Auch hier arbeitet der **Ich-Erzähler** mit **parallelen Konstruktionen**. Alle drei Frauen werden mithilfe von **Appositionen** beruflich verortet und in ihrer Verschiedenheit benannt, aber dennoch in ihrem Verhalten parallelisiert; diese Darstellungsform deutet darauf, dass diese Frauen für ihn letztlich austauschbar sind. So streicht ihm die erste Frau, eine Literaturwissenschaftlerin, sowohl „wortlos begütigend“ (Z. 41) über den Rücken, als er ihr von sich erzählt, als auch, als er damit aufhört. Dadurch verdeutlicht er ihr Desinteresse an dem Erzählten. Die zweite Frau, eine Psychoanalytikerin, die sich eigentlich mit seelischen Defekten auskennen müsste, achtet anscheinend auch nicht genügend auf den Inhalt seiner Worte, denn sie erkennt nicht die prägende Rolle Hannas für Michael, sondern sieht Defizite in der Mutter-Sohn-Beziehung. Hilke schließlich, die letztgenannte Frau, von Beruf Zahnärztin, vergisst, was Michael ihr über seine frühere Beziehung erzählt. So ist also die Reaktion der Frauen seiner Ansicht nach geprägt von einer Trias der Missachtung, der Fehldeutung und des Vergessens.
Michael resigniert und gibt das Erzählen auf: „Weil die Wahrheit dessen, was man redet, das ist, was man tut, kann man das Reden auch lassen.“ (Z. 46 f.) Mit diesen Worten bringt er seine Einsicht zum Ausdruck, dass er ohnehin so handelt, wie seine Vergangenheit ihn geformt hat – also kann er das Reden auch bleiben lassen.

abschließende Deutung

Das vorliegende Kapitel ist von Bedeutung für die **Schuldfrage**, die den Roman durchzieht.
Schuld ist für Michael mit Liebe verknüpft. In seiner Verbindung zu Hanna fühlt er sich schuldig, weil er eine NS-Verbrecherin geliebt hat. Er muss erkennen, dass er mit einer Frau intim gewesen

ist, die er – wie er im Prozess schmerzhaft erfahren hat – nicht wirklich gekannt hat. Man kann so erklären, warum Michael es ablehnt, Kontakt zu Hanna im Gefängnis aufzunehmen. Diese Weigerung lässt sich als Versuch deuten, sich von Hanna zu befreien.
Die erste Schuld zieht weitere Schuld nach sich, und zwar als Folge seiner Unfähigkeit, echte Beziehungen einzugehen. Tragisch ist dies für ihn vor allem mit Blick auf seine Tochter, die das Opfer dieser erneuten Schuld ist.

Die zweite Teilaufgabe erfordert Hintergrundwissen aus dem Bereich „Sprechen – Denken – Wirklichkeit", das mit der Deutung der angegebenen Textstelle verknüpft werden muss. Da der Themenbereich „Sprechen – Denken – Wirklichkeit" nicht fest umrissen ist, sind hier – je nachdem, was im Unterricht zur Sprache gekommen ist – verschiedene Anknüpfungspunkte denkbar. Der Lösungsvorschlag bietet lediglich eine exemplarische Möglichkeit an, mit der Aufgabe umzugehen.

Teilaufgabe 2

„Weil die Wahrheit dessen, was man redet, das ist, was man tut, kann man das Reden auch lassen." – So begründet Michael Berg den **Abbruch des Erzählens**, die Aufgabe der verbalen Kommunikation, seine Resignation bezüglich der Wirkung beziehungsweise Wirksamkeit des gesprochenen Wortes – zunächst auf den **Empfänger** bezogen, mit aber nicht unerheblichen Auswirkungen auf den **Sprecher**.

Definition des Themenbereichs

Betrachtet man diese Aussage **im Handlungsfeld „Sprechen – Denken – Wirklichkeit"**, so kann man sie nicht kritiklos stehenlassen. Wie diese drei Begriffe sich zueinander verhalten, wurde in verschiedenen wissenschaftlichen Ansätzen zu ermitteln versucht. Zunächst sollte man aber definieren, was überhaupt Gegenstand dieses Themenbereichs ist. Der Themenbereich „Sprechen – Denken – Wirklichkeit" beleuchtet das überaus komplexe Handlungsfeld, in dem der Mensch, das **denkende Erkenntnissubjekt**, Sinneseindrücke aus der außerhalb seines Denkens liegenden Welt, dem **Erkenntnisobjekt**, empfängt und durch den Verstand kategorisiert. Die Rolle der Sprache ist in diesem Prozess von höchstem Interesse. Bezeichnet sie als neutrales Medium einfach nur, oder lenkt und beeinflusst sie die Erkenntnisse des Menschen, wie Benjamin Lee Whorf es in seinem **„linguistischen Relativitätsprinzip"** formuliert hat. Entscheidend ist in diesem Zusammenhang auch, ob das **Denken unabhängig von Sprache** ist, so wie Jean Piaget dies im Gegensatz zu Herder behauptet. Nicht weniger wichtig ist ferner die Frage, welche **Wirkung Sprache auf andere** hat, ob diese Wirkung in der Regel nicht eine andere ist als die vom Sprecher intendierte, und wie diese Wirkung hervorgerufen wurde. Wilhelm von Humboldt brachte dieses Problem auf die griffige Formel: „Jedes Verstehen ist immer auch ein Missverstehen."

Der Begriff der „**Sprechhandlung**“ macht bereits deutlich, dass Sprechen handeln bedeutet und damit Auswirkungen auf die Wirklichkeit hat, wobei die Sprechhandlung wiederum als Reaktion beziehungsweise Interpretation von Wirklichkeit zu verstehen ist.

Bezug zur Sprechakttheorie

Im Falle Michael Bergs beziehungsweise seiner oben zitierten Aussage ist dies deutlich zu erkennen.

Michael stellt sein Sprechhandeln ein, als er nicht die gewünschte Reaktion erfährt. Seine Deutung geht aber von einer falschen Prämisse aus. Er trennt Reden und Handeln voneinander, er begreift sie als zwei vollkommen verschiedene Handlungsformen. Dabei sind sie eng miteinander verknüpft, wie beispielsweise die Sprechakttheoretiker John Rogers Searle und John Langshaw Austin vorgeführt haben. **Sprechen ist Handeln**, auch Michael Bergs Entscheidung für das Nicht-Sprechen ist eine Handlung, die Auswirkungen auf seine Wirklichkeit beziehungsweise die seiner (Nicht-)Kommunikationspartner hat. Wie Paul Watzlawick bemerkt, kann man „nicht nicht kommunizieren“, denn auch diese Entscheidung zum vordergründigen Verzicht auf Kommunikation wird eine Reaktion hervorrufen. In Michaels Fall könnte diese beispielsweise darin bestehen, dass seine Partnerinnen noch weniger Verständnis für sein Handeln aufbringen und somit die Beziehungen noch schneller zum Scheitern verurteilt sind.

Unmöglichkeit des Nicht-Kommunizierens

So ist jede (Sprech)Handlung mit einer Botschaft verbunden, auch wenn derjenige, der die Botschaft sendet, sich gegen diese Einsicht sträubt und glaubt, sich vollkommen neutral zu verhalten.

In Michael ist dieses Bedürfnis, sich neutral zu verhalten, **keine Botschaft zu senden**, stark ausgeprägt. Diese Haltung wird auch an den Umständen deutlich, unter denen Michael zum Vorleser für Hanna wird. Im dritten Teil des Romans beschreibt er, dass er Hanna besprochene Kassetten, von ihm vorgelesene literarische Werke, ins Gefängnis schickt. Man kann dieses Verhalten als Konsequenz aus seiner Überzeugung auffassen, dass die Wahrheit in dem liegt, was man tut, und nicht in dem, was man sagt. Insgesamt handelt es sich um eine **paradoxe Situation**: Er redet zwar, indem er vorliest, möchte dieses Reden aber vermutlich als reine Tat verstanden wissen. Auf den Kassetten, die er Hanna schickt, findet sich entsprechend nur der vorgelesene Text, sonst nichts, kein Gruß, kein Kommentar oder eine sonstige Botschaft – er redet also (seinem Verständnis nach) nicht. Deshalb kann auch keine **Kommunikation** entstehen, die eigentlich **durch Wechselseitigkeit bestimmt** ist. **Durch das Vorlesen entzieht sich Michael Berg des Dialogs**. Dennoch sendet er Signale aus, die zudem noch sehr widersprüchliche sind. Auf der einen Seite signalisiert das Vorlesen – so wie Mütter es für ihre kleinen Kinder tun – die Bereitschaft und den

Bezug zum Titel des Romans

Wunsch, Hanna zu beruhigen und sich um sie zu kümmern; auf der anderen Seite entzieht sich Michael Hanna durch das Medium der Kassette und die Art, wie er es nutzt; denn das kommentarlose, unpersönliche Vorlesen fremder Texte wirkt auf die ehemalige Geliebte vermutlich zumindest auch abweisend und bedrückend. Es verkommt zum sterilen Akt in Bezug auf seine Kommunikation mit Hanna. Im Ergebnis erweist sich, dass Michael mit seinem Satz nicht so sehr zu einer Erkenntnis vorgedrungen ist, die dazu beiträgt, seine Beziehungen zu seinen Mitmenschen wahrhaftiger zu gestalten, sondern dass ihm seine Überzeugung als Vorwand dient, unbequemen Auseinandersetzungen mit sich und anderen Menschen auszuweichen.
Diese Scheu vor einer wirklichen Auseinandersetzung zeigt sich auch in Michael Bergs Umgang mit seinen Partnerinnen. Er erzählt ihnen zunächst von seiner Vergangenheit, also von einem von ihm gedeuteten Ausschnitt seines Lebens. Er **konstituiert**, um mit Whorf zu sprechen, **seine Wirklichkeit durch das Sprechen**. Dieser Sprechakt erzielt aber nicht die gewünschte Wirkung. Er ist deshalb in Michaels Augen misslungen. Daher beschließt er, sich künftig aufs Handeln zu beschränken. Diese Schlussfolgerung stellt sich als problematisch dar. Zwar begibt sich der Ich-Erzähler im gesamten Roman immer wieder auf die Reflexionsebene, überdenkt, deutet und bewertet die vorgefundene Wirklichkeit, aber er konzentriert sich bei dieser Reflexion zu sehr auf sich selbst und beachtet zu wenig, dass **zur zwischenmenschlichen Kommunikation mindestens zwei Teilnehmer gehören** und beide ihre Deutung von Wirklichkeit im Moment der Kommunikationssituation einbringen. Die Kommunikation verläuft eben nicht eins zu eins. So wie der Sprecher es gemeint hat, kommt es nicht zwangsläufig beim Empfänger an.

Resümee

Zusammenfassend lässt sich also sagen, dass, Michael Berg, bezogen auf das Handlungsfeld „Sprechen – Denken – Wirklichkeit", auf der einen Seite durchaus gestaltend und aktiv tätig ist, was seinen deutlichen Niederschlag in der schriftlichen Formulierung seines Lebens – im Verfassen seiner Autobiografie – findet. Diese sprachliche Aktivität bleibt jedoch **monologisch**. Vor wirklicher Kommunikation scheut Michael zurück. Er begründet das vor sich mit der grundsätzlichen Behauptung, dass Reden nichts bringe, und übersieht dabei, dass man die Bereitschaft, dem anderen zuzuhören, nicht einseitig einfordern kann, ohne selbst bereit zu sein, sich auf den anderen einzulassen. Dass ihm diese Bereitschaft fehlt, zeigt seine zwanghafte Gewohnheit, alle Frauen von vornherein mit Hanna zu vergleichen, statt sich mit ihrer je eigenen Persönlichkeit auseinanderzusetzen.

Leistungskurs Deutsch (Nordrhein-Westfalen) – Übungsaufgabe 8: II C: Vergleichende Analyse von literarischen Texten

Arbeitsgrundlagen:
1. Andreas Gryphius, *Abend*
2. Rainer Maria Rilke, *Herbsttag*

Aufgabe:
1. Analysieren Sie das Gedicht *Abend* von Andreas Gryphius.
2. Vergleichen Sie Weltbild und Lebensgefühl des lyrischen Ichs in Gryphius' Gedicht *Abend* mit dem in Rainer Maria Rilkes Gedicht *Herbsttag*. Berücksichtigen Sie dabei auch formale und sprachliche Auffälligkeiten sowie die unterschiedlichen epochalen Hintergründe.

Erlaubte Hilfsmittel: ein Wörterbuch der deutschen Rechtschreibung;

Andreas Gryphius (1616–1664)
Abend (1650)

DEr schnelle Tag ist hin / die Nacht schwingt ihre Fahn /
Vnd führt die Sternen auff. Der Menschen müde Scharen
Verlassen Feld und Werck / wo Thir und Vögel waren
Traurt itzt die Einsamkeit. Wie ist die Zeit verthan!

Der Port naht mehr und mehr sich zu der Glider Kahn.
Gleich wie diß Licht verfil / so wird in wenig Jahren
Ich / du / und was man hat / und was man siht / hinfahren.
Diß Leben kömmt mir vor als eine Renne-Bahn.

Laß höchster Gott / mich doch nicht auff dem Lauffplatz gleiten /
Laß mich nicht Ach / nicht Pracht / nicht Lust / nicht Angst verleiten!
Dein ewig-heller Glantz sey vor und neben mir /

Laß / wenn der müde Leib entschläfft / die Seele wachen
Und wenn der letzte Tag wird mit mir Abend machen /
So reiß mich aus dem Thal der Finsternüß zu dir.

Aus: Das große deutsche Gedichtbuch. Von 1500 bis zur Gegenwart. Neu herausgegeben und aktualisiert von Karl Otto Conrady. München: Artemis & Winkler 1991, S. 38

Worterläuterungen:
Vers 5: *Port:* Hafen
Vers 5: *der Glider Kahn:* Leib, Körper
Vers 14: *Thal der Finsternüß:* das irdische Leben

Rainer Maria Rilke (1875–1926)
Herbsttag

HERR: es ist Zeit. Der Sommer war sehr groß.
Leg deinen Schatten auf die Sonnenuhren,
und auf den Fluren laß die Winde los.

Befiehl den letzten Früchten voll zu sein;
gieb ihnen noch zwei südlichere Tage,
dränge sie zur Vollendung hin und jage
die letzte Süße in den schweren Wein.

Wer jetzt kein Haus hat, baut sich keines mehr.
Wer jetzt allein ist, wird es lange bleiben,
wird wachen, lesen, lange Briefe schreiben
und wird in den Alleen hin und her
unruhig wandern, wenn die Blätter treiben.

(entstanden in Paris am 21. September 1902)

Aus: Rainer Maria Rilke: Das Buch der Bilder. Zweite Ausgabe (1906).
In: Rainer Maria Rilke: Sämtliche Werke. Herausgegeben vom Rilke-Archiv in Verbindung mit Ruth Sieber-Rilke, besorgt durch Ernst Zinn. Erster Band. Gedichte. Erster Teil. Frankfurt am Main: Insel Verlag 1955, 1987, S. 398

Zusatzinformationen:
Rilke verfasste sein Gedicht im September 1902, nachdem er seine Frau, die Bildhauerin Clara Westhoff, und die gemeinsame Tochter nach nur einjähriger Ehe verlassen hatte, um in Paris eine Monografie über den Bildhauer Auguste Rodin zu verfassen. Ein dauerhaftes bürgerliches und ortsgebundenes Familienleben widersprach Rilkes Lebensstil. Der Neuanfang in der Metropole Paris war jedoch mit Ängsten, unter anderem wegen finanzieller Sorgen, verbunden.
Rilkes Religiosität ist schwer einschätzbar. Die frühen Gedichte, zu denen auch das vorliegende zählt, weisen häufig einen religiösen Grundton auf. Rilke ahnt einen „unter aller Oberfläche“ liegenden göttlichen „Lebensgrund“, der zwar in „Gebeten“ mit „Du“ angesprochen werden kann, letztlich jedoch namenlos bleibt und sich so von der christlichen Vorstellung eines personalen Gottes unterscheidet. Während seiner Russlandreisen zeigte er sich tief beeindruckt von orthodoxer Frömmigkeit. Rilkes Religiosität könnte man eher als „Selbstfindung im religiösen Gewand“, als Weg in die eigene Innerlichkeit, bezeichnen.

Hinweise und Tipps

Bei Gedichtvergleichen können die in der Analyse beziehungsweise Interpretation ermittelten Vergleichsaspekte entweder synchron auf beide Texte bezogen werden oder – und dies ist hier der Fall – es wird einer der Texte schwerpunktmäßig untersucht und der zweite vergleichend darauf bezogen.
Der besonderen Akzentuierung des Gedichtes von Gryphius entspricht die unterrichtliche Vorbereitung: Barocklyrik zählt mit Blick auf die zentrale Abiturprüfung zur Obligatorik des Deutschunterrichts im Leistungskurs. Aber auch die epochale Zuordnung des Gedichtes von Rilke dürfte keine Probleme bereiten, da als weiteres obligatorisches Thema der Epochenumbruch vom 19. zum 20. Jahrhunderts behandelt worden ist.

Die Lösung der ersten Teilaufgabe sollte die bei einer Gedichtanalyse und -interpretation üblichen Schwerpunkte enthalten: die Erfassung und Benennung des Themas, die Erschließung des Inhalts sowie die Untersuchung der sprachlich-stilistischen und der formalen Besonderheiten, wobei ein strukturaler oder aspektorientierter Deutungsansatz einer linearen Deutung „am Text entlang" vorzuziehen ist.
Die Erläuterung des epochalen Hintergrunds der Barockzeit gehört zur Lösung der ersten Teilaufgabe.

Lösungsvorschlag

Teilaufgabe 1

Andreas Gryphius thematisiert in seinem 1650, zwei Jahre nach Beendigung des Dreißigjährigen Krieges entstandenen **Sonett** *Abend* die Vergänglichkeit des menschlichen Lebens. Es handelt sich inhaltlich, sprachlich und formal um ein typisches **Barockgedicht**.

Formanalyse

Die beiden **Quartette** enthalten umschließende Reime, während die **Terzette** von **Paar- und Kehrreimen** bestimmt werden. Das **Reimschema** lautet entsprechend: abba / abba / ccd / eed. Das **Metrum** ist ein **Alexandriner**, ein **jambischer Sechsheber** mit einer **Zäsur** nach der dritten Hebung.

zeittypische Motive und Gestaltungselemente

Da Barockdichtung sich in der Regel an strengen Vorgaben hinsichtlich Form, Inhalt und Sprache orientierte (wie sie im 1624 entstandenen *Buch von der deutschen Poeterey* von Martin Opitz niedergelegt sind), lassen sich neben der Sonettform auch in diesem Gedicht zeittypische Motive und Gestaltungselemente finden.

1. Quartett

Anknüpfend an den Titel *Abend* schildert die erste Strophe bilderreich das Schwinden des Tages. Wie ein Feldherr hält die Nacht Einzug und „schwingt ihre Fahn" (V. 1), im Gefolge die Sterne. Die in der **Lichtmetaphorik** erkennbare **Antithetik** setzt sich im Kontrast der Lebewesen, die nun allerdings zur Ruhe gekommen sind, und der **personifizierten Einsamkeit** fort. Resignierend wird die erste Strophe mit dem Hinweis auf die vergeudete Zeit beschlossen: „Wie ist die Zeit verthan!" (V. 4).

Ausgehend vom **Naturbild** des schwindenden Tages gelangt Gryphius zur Vergänglichkeit des Menschen, zum **Vanitasmotiv**. Die **gängige Metapher des Lebensweges** wird in den Begriffen der „Renne-Bahn" (V. 8) und des „Lauffplatz[es]" (V. 9) **pejorativ abgewandelt**, sodass die unreflektierte, oberflächliche Hast des menschlichen Lebens in ihrer Sinnlosigkeit erkennbar wird.

2. Quartett

Bereits im zweiten Quartett wird im **Bild des nahenden Todes**, der mit einem Port, einem Hafen, verglichen wird, der **Memento-mori-Gedanke** aufgegriffen. Wiederum verwendet Gryphius Lichtmetaphorik, indem er in der zweiten Strophe das Schwinden des Lebens und aller Dinge, die für den Menschen bedeutungsvoll sind, mit dem Vergehen des Tageslichtes am Abend **vergleicht**. Aufschlussreich ist die Bezeichnung des Todes als „Port". Mit einem Hafen wird in der Regel Sicherheit, Ruhe vor dem Sturm und somit Geborgenheit verbunden. Für das lyrische Ich ist nicht der Tod angstbesetzt, sondern das Leben, wie vor allem in den Terzetten erkennbar wird.

Terzette

Sie erinnern an inbrünstige Gebete, verstärkt durch die **Imperative** und **Anaphern** („Laß [...]" in den Versen 9, 10 und 12). Flehentlich wendet sich das lyrische Ich an Gott und bittet um Bewahrung seiner Seele angesichts der Gefährdungen im irdischen Leben: Pracht, Lust und Angst werden in Vers 10 aufgezählt. Der göttliche Beistand, den sich das Ich erbittet, erscheint als eine Art Schutzglocke: „Dein ewig-heller Glantz sey vor und neben mir" (V. 11). Mit dieser Formulierung schließt Gryphius an die **Bildersprache des Psalmisten** an. Auch in den Terzetten wird die am Gedichtanfang auffällige **Antithetik fortgesetzt** (Leib–Seele, Mensch–Gott, Immanenz in den Quartetten–Transzendenzbezug in den Terzetten).

Sie spiegelt sich in der **Klangwirkung** des Gedichtes, insbesondere in den **Assonanzen**, wider: Bei der Beschreibung des irdischen Lebens dominieren dunkle Vokale, während die transzendente Welt vorwiegend mit hellen Vokalen verbunden ist.

abschließender Epochenbezug

In der letzten Strophe wird ausdrücklich die Todesstunde thematisiert, der Übergang der trotz des entschlafenden Leibes wachen Seele in eine andere Existenzform in der Gottesnähe. Mit der Bitte „So reiß mich aus dem Thal der Finsternüß zu dir" endet das Sonett in einer **Aufwärtsbewegung**. Trotz allem Leiden an der Beschwerlichkeit (1. Strophe) und den Gefährdungen (3. Strophe) des menschlichen Lebens glaubt sich das lyrische Ich in der Zuwendung und bewahrenden Liebe einer transzendenten Macht geborgen.

Die Angst vor dem Verlust des Seelenheils und die Abwertung des irdischen Lebens als „Thal der Finsternüß" sind für den heutigen Leser schwer nachvollziehbar und können nur vor dem Hintergrund der Gräuel des Dreißigjährigen Krieges und der noch ausstehenden

Aufklärung verstanden werden. Noch sind die Emanzipation und Autonomie des Menschen, die Sinnfindung auch in der irdischen Lebensgestaltung, die Verantwortung des Einzelnen für eine soziale und politische Gemeinschaft nicht in das Bewusstsein der Menschen vorgedrungen.

Informationen zu Rilkes Biografie und zu seiner Religiosität, die nicht vorausgesetzt werden können, die aber zum Verständnis des Gedichtes wichtig sind, sind der Aufgabenstellung als „Zusatzinformationen" hinzugefügt. Darüber hinaus enthält der vorliegende Lösungsvorschlag weiterführende Hinweise, die über das hinausgehen, was man während der Prüfung präsent haben kann und die daher in Form von Anmerkungen am Ende des Textes platziert sind.
Bei der Bearbeitung der zweiten Teilaufgabe soll der Aspekt der Einordnung eines Textes in die Zeit seiner Entstehung anhand der vergleichenden Betrachtung von „Abend" und Rilkes Gedicht „Herbsttag" vertieft werden. Als Ausgangspunkt für diesen Vergleich dient die Untersuchung des jeweiligen Weltbildes und Lebensgefühls des lyrischen Ichs.

Teilaufgabe 2

Auch Rainer Maria Rilke leitet sein Gedicht *Herbsttag* mit einem **Naturbild** ein und schließt – allerdings etwas unvermittelt – in der dritten Strophe **Reflexionen** über das menschliche Leben an.

Aufbau des Gedichts „Herbsttag"

Trotz der **drei** jeweils um einen Vers verlängerten **Strophen** (zunächst 3, dann 4 und schließlich 5 Verse) ist inhaltlich und formal eine **Zweiteilung** des Gedichtes erkennbar.

der erste Teil des Gedichts

In den ersten beiden Strophen werden herbstliche Vorgänge wie die Verringerung der Sonnenstunden, aufkommende Stürme und das Reifen der Früchte erwähnt. Einem **Gebet vergleichbar** wendet sich das lyrische Ich bereits mit dem ersten Wort „HERR" an eine die Natur bewegende transzendente Macht und bittet um die „Vollendung" (V. 6) der spätsommerlichen Natur. In ihrer Nähe zum Gebet, verbunden mit **Imperativhäufungen**, die auch bei Rilke als Bitten – allerdings weniger bewegt und drängend als bei Gryphius – zu verstehen sind, ähneln sich beide Gedichte.
Während in Gryphius' Gedicht jedoch die Angst vor der Gefährdung des ewigen Lebens durch eine verfehlte diesseitige Lebensgestaltung dominiert, erinnert Rilkes Gedicht im ersten Teil an eine **Hymne**. Die für Rilkes Stil typische Charakterisierung des Sommers als „sehr groß" (V. 1) stellt eine Geste der Huldigung[1] dar, die sich in der Bitte um „Vollendung" (V. 6) der Natur fortsetzt. Die Sehnsucht nach Erfüllung – „HERR: es ist Zeit" (V. 1) – wird durch **Enjambements** in den Versen 7 f. und 11 f. untermalt. Auch Gryphius verwendet dieses Klangmittel, um das Vergehen des Tages und des menschlichen Lebens hervorzuheben.

Vom Bild des gereiften Weines, von der Herbststimmung ausgehend, leitet Rilke zum Einsamkeitsgefühl des Menschen über. Der inhaltlichen Zäsur entsprechen Form, Syntax und Tempus. In den ersten beiden Strophen verwendet Rilke **Trochäen** und bewegtere **Daktylen**, in der dritten Strophe ausdrücklich schwere, feierliche Trochäen (denen jeweils ein Auftakt vorgeschaltet ist). Die Imperative werden durch Aussagesätze und der **Rückblick auf den Sommer** (V. 1) **durch den Blick in die Zukunft abgelöst**; in den Versen 9 bis 12 wird ausschließlich das Futur verwendet.

der zweite Teil des Gedichts

Bestimmung des Metrums

Anaphorisch spricht Rilke bereits zu Beginn der dritten Strophe die Unbehaustheit und Einsamkeit des Menschen an: „Wer jetzt kein Haus hat, baut sich keines mehr. / Wer jetzt allein ist, wird es lange bleiben“ (V. 9 f.). Es handelt sich dabei um ein **Motiv**, das er in seiner frühen Lyrik häufig verwendet. Obwohl das lyrische Ich nie unmittelbar in der ersten Person Singular formuliert, drücken diese Gefühle sehr persönliche Erfahrungen nicht nur des lyrischen Sprechers, sondern auch des Autors aus, wie ein Blick auf seine Biografie erkennen lässt.[2] Das Gedicht *Herbsttag* entstand zu einer Zeit, als Rilke sich nach nur einem Jahr Ehe alleine ohne seine Familie in Paris aufhielt und dort an einer Monografie über den Bildhauer Auguste Rodin arbeitete.[3] Rilke scheute sich zeitlebens davor, dauerhaft sesshaft zu werden und in direkter Gemeinschaft mit anderen zu leben. Freundschaften pflegte er in erster Linie als Brieffreundschaften.

biografische Erfahrungen als Hintergrund für das im Gedicht sich aussprechende Lebensgefühl

Rilke gehört zu den Schriftstellern der **Jahrhundertwende**, die sich von den vor allem in Berlin etablierten **Naturalisten** und ihrem Kunstverständnis abgrenzten.

literarische Einordnung

Die **Gegenströmungen zum Naturalismus** – etwa die sogenannten Neuromantiker, Symbolisten und Wiener Impressionisten – stellten sich nicht nur gegen die Überzeugung, Wirklichkeit durch Kunst weitgehend abbilden zu können; auch der gesamtgesellschaftlichen Entwicklung, der Technisierung und der Industrialisierung, der wachsenden Verstädterung, der wirtschaftlichen und politischen Expansion und dem Fortschrittsoptimismus begegneten sie mit Ablehnung.

Kulturpessimismus und **Endzeitstimmung der Fin-de-siècle-Literatur** waren mit tiefer existenzieller Verunsicherung verbunden. Der Hinwendung der genannten Autoren zur menschlichen Innenwelt entspricht die **Sprache der Bilder und Symbole**, deren Bedeutung häufig nicht mehr klar erfasst, sondern nur intuitiv und assoziativ erahnt werden kann.

Auch Rilkes Reflexionen über das Reifen der Natur und die Einsamkeit des menschlichen Lebens in seinem Gedicht *Herbsttag* bleiben letztlich schillernd. Das lyrische Ich sieht die Gefahr der Unbehaustheit und der Vereinsamung, andererseits begreift es die

Resümee zum Gedicht „Herbsttag“

Stille als Chance, um „wachen, lesen, lange Briefe schreiben" (V. 10) und sich somit persönlich weiterentwickeln zu können. Die **Ambivalenz** dieser Gefühle entspricht Rilkes Entscheidung, die familiäre Geborgenheit hinter sich zu lassen und trotz aller finanziellen Sorgen einen Neuanfang zu wagen.

Motivvergleich der beiden Gedichte

Wie in Gryphius' Gedicht wird auch in *Herbsttag* das **Motiv des Weges** verwendet, um den menschlichen Lebensweg anzudeuten. Vergleicht Gryphius das Leben jedoch mit einer „renne bahn" (V. 8) voller Gefahren für die religiöse Entwicklung des Menschen, so verbindet Rilke mit dem „unruhig[en] [W]andern" durch „Alleen" (V. 11 f.) offenbar eine fruchtbare Unruhe, wie der Kontext nahelegt. Statt sinnloser Hast in einem bedrohlichen Umfeld – „Thal der Finsternüß" bei Gryphius (V. 14) – findet sich in Rilkes Gedicht eine zwar von der Melancholie einer Herbstlandschaft geprägte, doch durchaus ästhetische, einladende Umgebung.

Das Interesse des lyrischen Ichs in Gryphius' Gedicht ist, dem barocken **Vanitasgedanken** entsprechend, ganz auf das jenseitige, das eigentliche, ewige Leben gerichtet. Bei Rilke hingegen führt der Rückzug vom Leben hin zum Menschen, in die eigene **Innerlichkeit**. Erst in der Einsamkeit scheint das lyrische Ich zu sich selbst zu kommen.

Gilt Gryphius' Interesse einem von ihm fest geglaubten transzendenten Ereignis, so wendet sich Rilke der eigenen Innenwelt zu.

Die trotz allem von Rilke verwendete **religiöse Terminologie** der ersten Strophen trägt andere Akzente als Gryphius' gläubiges Vertrauen in einen personalen Gott. Vor allem in seinen frühen Gedichten findet sich die Ahnung eines „unter aller Oberfläche" liegenden göttlichen „Lebensgrund[s]", der zwar in „Gebeten" mit „Du" angesprochen werden kann, letztlich jedoch namenlos bleibt.[4] Zeitweise huldigte Rilke einer Innerlichkeit, wie er sie während seiner Russlandreisen in der orthodoxen Kirche kennengelernt hatte. Als „atheistische Religiosität", als Selbstfindungsprozess im religiösen Gewand, bezeichnet Alberto Destro Rilkes Religiosität.[5] Letztlich führte ihn das religiöse Suchen in die Tiefe der eigenen Seele, während Gryphius von einer transzendenten Kraft, der er sein Leben und Sterben anvertrauen möchte, ausgeht.

Anmerkungen:

1 „Ein im Dezember 1921 entstandenes, Leonie Zacharias gewidmetes Gedicht wiederholt kehrreimartig das ‚Ich rühme'. ‚Ein zum Rühmen Bestellter' ist der Dichter im siebten der *Sonette an Orpheus*." (*Walter Hinck, Stationen der deutschen Lyrik. Von Luther bis in die Gegenwart – 100 Gedichte mit Interpretationen*. Göttingen: Vandenhoeck und Ruprecht 2000, S. 128)

2 Ganz knapp seien die frühe Trennung der Eltern, die Tochterrolle, die Rilke an Stelle der verstorbenen Schwester übernehmen musste (Bilder zeigen den Sechsjährigen mit langem Haar und Mädchenkleidern) und die schweren Jahre in der Militärrealschule vom 10. bis 16. Lebensjahr erwähnt. Rilke sollte auf Wunsch der Eltern die Offizierslaufbahn einschlagen. Erst eine schwere Krankheit führte zum Abbruch der Militärschule, die den sensiblen Jungen nachhaltig traumatisierte.

3 *Die Aufzeichnungen des Malte Laurids Brigge* (1904–1910), eine Art Erlebniskommentar zu den *Neuen Gedichten*, gewähren hier aufschlussreiche Einblicke.

4 Vgl. Joachim Bark, Dietrich Steinbach, Hildegard Wittenberg (Hrsg.): *Geschichte der deutschen Literatur. Band 4: Vom Naturalismus zum Expressionismus, Literatur des Kaiserreichs.* Stuttgart: Klett 1984, S.51

5 Vgl. Hans-Albert Koch, Alberto Destro (Hrsg.): *Rilke-Perspektiven. „aus einem Wesen hinüberwandelnd in ein nächstes."* Overath: Bücken & Sulzer 2004

Leistungskurs Deutsch (Nordrhein-Westfalen) – Übungsaufgabe 9: II C: Vergleichende Analyse von literarischen Texten

Arbeitsgrundlagen:
1. E. T. A. Hoffmann, *Die Elixiere des Teufels (Vorwort des Herausgebers)*
2. Theodor Fontane, *Irrungen, Wirrungen (1. Kapitel)*

Aufgaben:
1. Analysieren Sie den Romananfang aus Hoffmanns *Die Elixiere des Teufels* und arbeiten Sie insbesondere dessen Erzählverfahren heraus.
2. Vergleichen Sie anschließend dieses Erzählverfahren mit Fontanes Einstieg in den Roman *Irrungen, Wirrungen.* Gehen Sie in diesem Zusammenhang auch auf epochenspezifische Merkmale beider Romananfänge ein.

Erlaubte Hilfsmittel: ein Wörterbuch der deutschen Rechtschreibung und eine unkommentierte Textausgabe von *Irrungen, Wirrungen*

E. T. A. Hoffmann (1776–1822)
Die Elixiere des Teufels (1815/16)

Der Roman „Die Elixiere des Teufels" erzählt die Geschichte des Kapuzinermönches Medardus, der einem ihm anvertrauten Teufelselixier nicht widerstehen kann und in ein Chaos von Begierden stürzt. Die Geschichte des Mönches wird weitgehend von einem Ich-Erzähler entfaltet. Dessen Lebensgeschichte ist jedoch das (ebenfalls fiktive) „Vorwort des Herausgebers" vorangestellt, mit dem der Leser in den Roman eingeführt wird.

Vorwort des Herausgebers

Gern möchte ich dich, günstiger Leser! unter jene dunkle Platanen führen, wo ich die seltsame Geschichte des Bruders Medardus zum ersten Male las. Du würdest dich mit mir auf dieselbe, in duftige Stauden und bunt glühende Blumen halb versteckte, steinerne Bank setzen; du würdest, so wie ich, recht sehnsüchtig nach den blauen Bergen schauen, die sich in wunderlichen Gebilden hinter dem sonnichten Tal auftürmen, das am Ende des Laubganges sich vor uns ausbreitet. Aber nun wendest du dich um und erblickest kaum zwanzig Schritte hinter uns ein gotisches Gebäude, dessen Portal reich mit Statuen verziert ist. – Durch die dunklen Zweige der Platanen schauen dich Heiligenbilder recht mit klaren, lebendigen Augen an; es sind die frischen Freskogemälde, die auf der breiten Mauer prangen. – Die Sonne steht glutrot auf dem Gebürge, der Abendwind erhebt sich, überall Leben und Bewegung. Flüsternd und rauschend gehen wunderbare Stimmen durch Baum und Gebüsch: als würden sie steigend und steigend zu Gesang und Orgelklang, so tönt es von ferne herüber. Ernste Männer, in weit gefalteten Gewändern, wandeln, den frommen Blick emporgerichtet, schweigend durch die Laubgänge des Gartens. Sind denn die Heiligenbilder lebendig worden und herabgestiegen von den hohen Simsen? – Dich umwehen die geheimnisvollen Schauer der wunderbaren Sagen und Legenden, die dort abgebildet, dir ist, als geschähe alles vor deinen Augen, und willig magst du daran glauben. In dieser Stimmung liesest du die Geschichte des Medardus, und wohl magst du auch dann die sonderbaren Visionen des Mönchs für mehr halten als für das regellose Spiel der erhitzten Einbildungskraft.

Da du, günstiger Leser! soeben Heiligenbilder, ein Kloster und Mönche geschaut hast, so darf ich kaum hinzufügen, daß es der herrliche Garten des Kapuzinerklosters in B. war, in den ich dich geführt hatte.

Aus: E. T. A Hoffmann: Die Elixiere des Teufels. Nachgelassene Papiere des Bruders Medardus, eines Kapuziners. Stuttgart: Reclam Verlag 1980, S. 5 (RUB 192)

Anmerkungen:
Ein *Fresko* (Zeile 10) ist eine Form von Wandmalerei, bei der die Farben in den frischen Putz aufgetragen werden, sodass sie sich mit dem Untergrund nahezu unlösbar verbinden. Die Farbe kann nicht mehr abblättern.

Theodor Fontane (1819–1898)
Irrungen, Wirrungen (1888)

Erstes Kapitel

An dem Schnittpunkte von Kurfürstendamm und Kurfürstenstraße, schräg gegenüber dem „Zoologischen“, befand sich in der Mitte der siebziger Jahre noch eine große, feldeinwärts sich erstreckende Gärtnerei, deren kleines, dreifenstriges, in einem Vorgärtchen um etwa hundert Schritte zurückgelegenes Wohnhaus, trotz aller Kleinheit und Zurückgezogenheit, von der vorübergehenden Straße her sehr wohl erkannt werden konnte. Was aber sonst noch zu dem Gesamtgewese der Gärtnerei gehörte, ja die recht eigentliche Hauptsache derselben ausmachte, war durch ebendies kleine Wohnhaus wie durch eine Kulisse versteckt, und nur ein rot und grün gestrichenes Holztürmchen mit einem halb weggebrochenen Zifferblatt unter der Turmspitze (von Uhr selbst keine Rede) ließ vermuten, daß hinter dieser Kulisse noch etwas anderes verborgen sein müsse, welche Vermutung denn auch in einer von Zeit zu Zeit aufsteigenden, das Türmchen umschwärmenden Taubenschar und mehr noch in einem gelegentlichen Hundegeblaff ihre Bestätigung fand. Wo dieser Hund eigentlich steckte, das entzog sich freilich der Wahrnehmung, trotzdem die hart an der linken Ecke gelegene, von früh bis spät aufstehende Haustür einen Blick auf ein Stückchen Hofraum gestattete. Überhaupt schien sich nichts mit Absicht verbergen zu wollen, und doch mußte jeder, der zu Beginn unserer Erzählung des Weges kam, sich an dem Anblick des dreifenstrigen Häuschens und einiger im Vorgarten stehenden Obstbäume genügen lassen.

Aus: Theodor Fontane: Irrungen, Wirrungen. Roman. Stuttgart: Reclam Verlag 1965, 1994, S. 3 (RUB 8971)

Hinweise und Tipps

Voraussetzungen

Die Aufgabe verknüpft ***die verbindliche Thematik*** *„Epochenumbruch 19./20. Jahrhundert – unter besonderer Berücksichtigung der Entwicklung von Erzählformen: Th. Fontane, Irrungen, Wirrungen“ mit Aspekten aus der Thematik „Epochenumbruch 18./19. Jahrhundert“. Die Konstruktion der Aufgabe entspricht der* ***Aufgabenart IIC****: vergleichende Analyse von literarischen Texten.*

Die ***Aufgabenstellung*** *fordert eine genaue Textanalyse beider Romananfänge unter besonderer Beachtung der Erzählverfahren. Deshalb ist es notwendig, zu rekapitulieren, welche Aspekte der* ***Begriff des Erzählverfahrens*** *einschließt. Zu klären ist insbesondere die* Erzählsituation *(auktorialer, personaler oder Ich-Erzäher), die* Haltung des Erzählers *zum erzählten Geschehen sowie die* Darbietungsform *(berichtend, beschreibend, szenisch darstellend). Die genannten Elemente beeinflussen wesentlich die jeweilige* Erzählperspektive.

Sinnvoll ist es, schon an dieser Stelle auf wesentliche Bezugspunkte des Romans zur Epoche der Romantik einzugehen, weil hier die unmittelbare Ableitung der Epochenzuordnung aus den Analyseergebnissen deutlich gemacht werden kann.

Lösungsvorschlag

Einleitung
Primärinformationen und Klärung der Aufgabenstellung

Die beiden vorliegenden Textauszüge sind die Romananfänge von E. T. A. Hoffmanns 1815/16 erschienenem Roman *Die Elixiere des Teufels* und Theodor Fontanes Roman *Irrungen, Wirrungen*, der 1888 veröffentlicht wurde. Beide Erzählanfänge führen den Leser in die Welt des Romans ein. Sie tun dies, indem sie Orte genau beschreiben, und zwar bevor auch nur irgendeine Handlung in Gang gekommen ist. Dabei greifen sie aber auf deutlich unterscheidbare Erzählverfahren zurück. Sie gilt es im Folgenden herauszuarbeiten, um zu versuchen, auf diese Weise die Zugehörigkeit der Romane zur Epoche der Romantik auf der einen und der des Realismus auf der anderen Seite kenntlich zu machen.

Hauptteil
zu Teilaufgabe 1
der Ich-Erzähler des Vorworts

Hoffmann führt in seinem Roman nicht gleich in die Geschichte des Mönches Medardus ein, sondern stellt der Ich-Erzählung ein „Vorwort des Herausgebers“ voran. Damit kommt ein zweiter Ich-Erzähler zu Wort, mit dem sich der Autor durch die **Doppelung der Erzählinstanz** eine Möglichkeit schafft, sich aus einer bewusst vermittelnden Position dem Erzähler-Ich in Gestalt des Mönches Medardus zu nähern. Dieser Ich-Erzähler verstärkt in der Rolle des „Herausgebers“ eines offensichtlich literarischen Werkes beim Leser den **Eindruck des Fiktionalen**. Dabei gibt er sich gleich im ersten Satz selbst als Leser zu erkennen, indem er vorgibt, den direkt angesprochenen Leser an den Ort zu führen, an dem er selbst die

1. Textabschnitt (Z. 1–6)

Geschichte des Bruders Medardus „zum ersten Male las“ (Z. 2). Der Ich-Erzähler dieses Vorworts sucht mithin die Nähe zu seinem Publikum, um nun die äußeren **Rahmenbedingungen für die folgende Lektüre** zu **inszenieren**. Suggestiv spricht er immer wieder den Leser direkt an und entwirft den Ort, an dem die Lektüre – wohlgemerkt nicht die ‚eigentliche‘ Romanhandlung – stattfindet.

der Ort des Erzählens

Dieser Ort ist durch eine auffallende Abgeschiedenheit gekennzeichnet. Er ist von außen wenig beleuchtet; geborgen durch „jene dunkle[n] Platanen“ (Z. 1) und „halb versteckt“ (Z. 3). Außerdem befindet sich die Bank, auf der der Leser Platz nehmen soll, in einem Laubengang, an dessen einem Ende in der natürlichen Öffnung die „blauen Berge“ zu sehen sind, „die sich in wunderlichen Gebilden hinter dem sonnichten Tal auftürmen“ (Z. 4 f.). Zugleich aber wird zumindest angedeutet, dass der Platz an der Bank von innen erhellt wird, nämlich von den „bunt glühende[n] Blumen“ (Z. 3), die der Ich-Erzähler ausdrücklich anspricht. Mit diesen wenigen skizzenhaften Angaben schafft der Ich-Erzähler einen gestalteten Naturraum, der **hyperbolisch überzeichnet** wird. Seine Absicht ist klar: Er will den Leser für diesen Ort gewinnen und suggeriert, er, der Leser, besitze dort die gleiche emotionale Empfindlichkeit wie der Ich-Erzähler selbst. Der Leser würde, so wird behauptet, „so wie ich, recht sehnsüchtig“ (Z. 4) nach den schon erwähnten blauen Bergen schauen.

2. Textabschnitt (Z. 6–21)

Formuliert der Ich-Erzähler bis hierher das zu erwartende Lektüreerlebnis als bloße **Hypothese**, indem er auf den Konjunktiv II (Potentialis) zurückgreift, so **verändert sich** nun **der Modus der Darstellung**: „Aber nun wendest du dich um [...]“ (Z. 6 f.). Die vom Ich-Erzähler initiierte Gleichschaltung der Gefühlslage geht nun einher mit einem Erleben der unmittelbaren Umwelt, der im Indikativ die Qualität von Wirklichkeit zugemessen wird. Jetzt erst erscheint dem Leser das andere Ende des Laubenganges, das bisher im Rücken der Figuren verborgen war und nun „kaum zwanzig Schritte hinter uns“ als „gotisches Gebäude“ (Z. 7) auftaucht. Der Leser befindet sich nunmehr auf einer Achse mit dem „sonnichten Tal“ (Z. 5) und dem erwähnten Gebäude als jeweilige Pole. Doch Landschaft und Architektur sind nicht nur Objekte der Betrachtung, sondern der Leser soll aufgrund der Ausführungen des Ich-Erzählers selbst den Eindruck gewinnen, Objekt der Beobachtung zu sein. Die Figuren der Freskogemälde auf der Mauer des Gebäudes schauen – so wird ohne jedwede Einschränkung durch Worte wie ‚scheinbar‘ oder ‚augenscheinlich‘ behauptet – den Leser „mit klaren, lebendigen Augen“ an (Z. 9). Woher die Blicke kommen, wird erklärt; dass ihre Wahrnehmung auf einer Täuschung beruht, hingegen erst gar nicht in Betracht gezogen.

So wie dem Sichtbaren die Unterscheidung von Wirklichkeit und Kunst entzogen wird, so geschieht im Folgenden Vergleichbares auch auf der Ebene des Akustischen. „[W]underbare Stimmen“ (Z. 12) werden nun in den Wahrnehmungshorizont des Lesers gerückt, die sich „zu Gesang und Orgelklang“ steigern (Z. 13), also etwas Melodiöses bekommen. Deren Ursprung bleibt aber ungewiss. Zwar erwähnt der Ich-Erzähler, es töne „von ferne herüber“ (Z. 13). Ob die Musik aber aus dem Tal kommt oder vom erwähnten Gebäude, wird verschwiegen. Zwar ließe der unmittelbare Erzählanschluss vermuten, dass die Musik etwas mit den „[e]rnste[n] Männer[n]“ (Z. 13 f.) zu tun haben könnte. Die aber scheinen offenbar im Gebet versunken, „den frommen Blick emporgerichtet“ (Z. 14) – und vor allen Dingen: „schweigend“ (Z. 15). Sie geben dem Erzähler offenbar keinen weiteren Anlass, sich über den Ursprung der Musik Gedanken zu machen, die sich dadurch wie ein atmosphärischer Teppich über das Geschilderte legt. Diese Männer geben vielmehr Anlass, über das Lebendigwerden der Heiligenbilder nachzudenken: „Sind denn die Heiligenbilder lebendig worden und herabgestiegen von den hohen Simsen?“ (Z. 15 f.). Diese **Frage** hier nicht zu beantworten, kennzeichnet sie als eine **rhetorische** und fügt damit einen weiteren Unbestimmtheitswert hinzu. Wirklichkeit und Fiktion sind mittlerweile ununterscheidbar ineinander übergegangen. Das so diffus Gewordene wird nunmehr in einem weiteren Schritt in die zeitliche Dimension, genauer: in die Vergangenheit ausgedehnt. In **direkter Leseransprache** – „Dich umwehen [...]“ (Z. 16) – suggeriert der Ich-Erzähler die Unmittelbarkeit der „wunderbaren Sagen und Legenden“ (Z. 17). Die **doppelte Inversion**, die zunächst den Leser in direkter Weise einzunehmen sucht – „Dich umwehen die geheimnisvollen Schauer [...], dir ist, als geschähe alles [...]“ (Z. 16–18) –, mündet in eine **Klimax**, die nunmehr gerade nicht mehr den Leser als Person, sondern durch die dritte Inversion in unmittelbarer Folge seine Gefühlsdisposition festlegt: „willig magst du daran glauben“ (Z. 18).

Intention des Erzählers

Der Ich-Erzähler versucht geradezu, die Gefühlsgewalt über den Leser zu gewinnen, um ihn – so konditioniert – in die Lektüre der Medardus-Geschichte zu entlassen: „In dieser Stimmung liesest du die Geschichte des Medardus“ (Z. 18 f.). Diese Haltung beschwörenden Einredens auf den Leser kommt auch in der anschließenden Aufforderung zum Ausdruck: Der Leser möge, so der Erzähler, „die sonderbaren Visionen des Mönchs für mehr halten als für das regellose Spiel der erhitzten Einbildungskraft“ (Z. 19–21). Damit verlangt der „Herausgeber“ nichts weniger als **Empathie** für die Hauptfigur der folgenden Darstellung.

Im kurzen letzten Abschnitt des Textauszugs weist der Ich-Erzähler, für den Leser vermutlich etwas überraschend, noch mit ostentativer, also bewusst zur Schau getragener Beiläufigkeit darauf hin, dass es sich bei der zuvor beschriebenen – poetischen und von übersinnlichen Erscheinungen durchzogenen – Szenerie um den „herrliche[n] Garten des Kapuzinerklosters in B." handele (Z. 23 f.). Dass der Leser das bereits erkannt hat, wird mit befremdlicher Selbstverständlichkeit vorausgesetzt. Diese Bemerkung zielt offenbar darauf ab, den Leser davon zu überzeugen, dass das Wunderbare – dass man von Heiligenbildern angeschaut wird, dass Stimmen und Gesänge ertönen, deren Ursprung unbekannt bleibt – nicht nur in der Fantasie möglich ist, sondern sich auch an einem ganz konkreten Ort der diesseitigen Welt ereignen kann. Wenn man bereit ist, dies als wahrscheinlich einzuräumen, wird man auch bereit sein, die nun folgenden „sonderbaren Visionen des Mönchs für mehr halten als für das regellose Spiel der erhitzten Einbildungskraft" – worauf es dem Erzähler offenbar ankommt. Es geht darum, dem Wunderbaren einen unmittelbaren Sitz im Leben zuzuerkennen. Was sich oben wie der Tagtraum eines poetisch veranlagten Gemüts liest, soll nun jedem zugängliche Wirklichkeit sein. **Fantasie und Realität fließen in eins zusammen**. Das Fantastische wird im Zuge dieses Vorgangs realistisch konkret und die unpoetische, nüchterne Wirklichkeit wird im Gegenzug träumerisch entstellt und geheimnisvoll. Indem der Erzähler sich den Anschein gibt, als könne er dem Leser als wirkliche Person jederzeit an einem konkreten Ort entgegentreten, verfließen die Grenzen zwischen Fiktion und Wirklichkeit. Das Wunderbare ist nicht mehr nur Lektüreerlebnis, sondern wird Teil der Alltagsrealität des Lesers.

letzter Textabschnitt (Z. 22–24)

Mit diesen Merkmalen gibt sich der vorliegende Textauszug sehr deutlich als Anfang eines Romans aus der Zeit der Romantik zu erkennen. Auf einer oberflächlichen Ebene spricht sicherlich schon die Entstehungszeit für diese Einschätzung; auch finden sich im Text einige **typische romantische Motive** wie etwa die „blauen Berge" – die an die romantischen Motive der Wanderschaft und der Sehnsucht nach der Ferne, aber auch an die „blaue Blume" aus dem Roman *Heinrich von Ofterdingen* von Novalis denken lassen – oder die **Anspielung** auf gotische Architektur. Bekanntlich begeisterten sich die Romantiker für das von ihnen poetisch verklärte Mittelalter. Von größerer Bedeutung ist jedoch die Erzählweise. Dem „Herausgeber" ist, wie oben gezeigt, ganz offensichtlich daran gelegen, **die Grenze zwischen Wirklichkeit und Fiktion aufzuheben** und den Leser an einen Erzählort zu führen, der beide Welten in sich vereinigt, um so ein inneres Erleben in Gang zu setzen und das Leben zu poetisieren.

Epochenbezug zur Romantik

In der zweiten Aufgabe wird erwartet, dass Sie beide Textauszüge in ihren epochenspezifischen Merkmalen – hier die Romantik, dort der Realismus – kenntlich machen. Grundsätzlich sind beim Vergleich literarischer Texte zwei Zugriffsweisen möglich. Die eine geht von einer Analyse des ersten Textes aus, bevor der zweite Text unter bestimmten Aspekten vergleichend untersucht wird. Die zweite Variante nimmt beide Texte zugleich analysierend in den Blick. Am Ende ist dann eine Bündelung und Ergebnissicherung der Vergleichsaspekte zu leisten.

Bei der vorliegenden Aufgabenstellung ist die erste Zugriffsweise vorgegeben. Das geht nicht nur aus der klaren Zweiteiligkeit der Aufgabenstellung hervor, in der im ersten Teil die Analyse und ausdrücklich „anschließend" im zweiten der Vergleich eingefordert wird. Von größerem methodischen Gewicht ist jedoch der Umstand, dass die unbekannte Textpassage aus Die Elixiere des Teufels *zunächst der genauen erzähltechnischen Analyse bedarf, bevor überhaupt Teilergebnisse für einen Vergleich fruchtbar gemacht werden können.*

In der zweiten Teilaufgabe braucht auf die wesentlichen Bezugspunkte des Romans zur Romantik, die in der ersten Teilaufgabe anhand der Analyseergebnisse aus dem Text gewonnen wurden, dann nur noch einmal knapp verwiesen zu werden, um die konzeptionelle Differenz zu Irrungen, Wirrungen *als Beispiel für einen Wandel der Erzählweisen herauszuarbeiten.*

Da Fontanes Roman, der als Referenztext fungiert, aus dem Unterricht bekannt ist und in einer unkommentierten Textausgabe zur Verfügung steht, kann man sich bei der Bearbeitung der zweiten Teilaufgabe argumentativ auf den gesamten Roman beziehen.

zu Teilaufgabe 2
Fontanes „Irrungen, Wirrungen"

Eine ganz andere Wirkung geht vom Romananfang von *Irrungen, Wirrungen* aus. Zwar scheint sich der Erzähler auch hier, wenn auch nur kurz, in einen unmittelbaren Dialog mit dem Leser begeben zu wollen, wenn er am Ende der vorliegenden Textpassage von „unserer Erzählung" (Z. 17) spricht und den Angesprochenen jovial vereinnahmt. Man kann diese Formulierung allerdings auch, und vielleicht noch plausibler, auf den **Pluralis Majestatis** zurückführen, den Erzähler gerne, wenn auch zumeist nur in ironisch-abwiegelnder Art, für sich in Anspruch nehmen. In jedem Falle aber ist der Romananfang bei Fontane erzähltechnisch völlig anders angelegt als der aus den *Elixieren.*

1. Vergleichspunkt: Wirklichkeitsanspruch

Zunächst ist festzuhalten, dass die im ersten Absatz des Romans entworfene Örtlichkeit Teil der Romanhandlung ist. Entsprechend wird sie im Präteritum beschrieben, damit der Leser gleich merkt: Er befindet sich, auch wenn noch nichts passiert, bereits mitten in der Geschichte. Darin unterscheidet sich die Gärtnerei, die Fontane schildert, wesentlich vom Garten, den Hoffmann seinen Herausgeber beschreiben lässt. Sie ist eben nicht, wie in Hoffmanns Roman, ein romantisierter Rezeptionsort für die in Aussicht gestellte Lektüre. Der weitgehend **auktoriale Erzähler** nennt gleich zu Beginn die genaue topografische Lage des Ortes, von der aus der Roman seinen Ausgang nimmt: „An dem Schnittpunkte von Kurfürstendamm und Kurfürstenstraße" (Z. 1). Anders als in den *Elixieren* verankert der Erzähler damit Topografie und Geschehen in konkreten gesellschaftlichen und sozialen Zusammenhängen und erhebt damit gleich am Anfang den Anspruch, dass das, was im Folgenden erzählt wird, sich dort, in der außerliterarischen Realität, hätte ereignen können. Er entwirft eine potenzielle Wirklichkeit. Hoffmann hingegen reicht diesen Anspruch erst am Ende des Vorworts nach, nachdem der Leser poetisch verzaubert und damit auf die sich anschließende fantastische Erzählung vorbereitet worden ist.

2. Vergleichspunkt: Erzählperspektive

Mit diesem **Anspruch auf Authentizität und Alltagsnähe** verabschiedet sich Fontanes Erzähler keineswegs von der **bewussten Gestaltung des Erzählraumes**. Über eine sich stets verändernde Erzählperspektive fokussiert der Erzähler die Gebäude und lässt den Leser an seiner Wahrnehmung teilhaben. Zunächst weist er auf die Größe der Gärtnerei hin (Z. 2), von welcher sich aber gleich herausstellt, dass man genau die „von der vorübergehenden Straße her" (Z. 5) nicht erkennen kann. Denn sie wird von dem kleinen Wohnhaus „wie durch eine Kulisse" (Z. 8) verborgen. Der Erzähler weiß also mehr, als er im Augenblick sieht, konzentriert sich aber in seiner Darstellung auf das Wahrnehmbare. Einer Kamera nicht unähnlich zoomt er auf einzelne Elemente des immer deutlicher entstehenden Bildes und **kommentiert** sie. Beachtet man, dass das Wohnhaus „um etwa hundert Schritte", also durchaus 70 bis 75 Meter, von der Straße zurückliegt (Z. 4), so muss erstaunen, was der Erzähler alles erkennt und wahrnimmt, zumal er selbst einräumt, dass jeder Passant, der gleichsam als Statist zu Beginn der Erzählung an der Gärtnerei vorbeigegangen und von der Straße her auf sie geblickt hätte, nicht viel hätte sehen können (Z. 17). Von einem weitgehend starren Erzählstandort, der dem eines Passanten gleichkäme, kann also überhaupt keine Rede sein.

Recht detailliert beschreibt der Erzähler das Wohnhaus, das nicht nur von der Straße aus gesehen zurückgelegen ist, sondern das auch den Anschein von „Zurückgezogenheit" erwecke (Z. 5). Die topografische Feststellung wird hier – relativ unauffällig – um eine **subjektive Wertung**, eine Einschätzung der Mentalität und sozialen Situation der Bewohner des Hauses, ergänzt. Nach Einschätzung des Erzählers gibt die Lage des Hauses Auskunft über die Menschen, die dort wohnen.

Das durch das kleine Wohnhaus Verborgene, das „Gesamtgewese der Gärtnerei", „die recht eigentliche Hauptsache derselben" (Z. 6 f.), gibt sich nur durch das „Holztürmchen" (Z. 8 f.) zu erkennen. Das Diminutiv weist nicht nur auf die Gedrungenheit dieses Gebäudeteils. Das Türmchen wird zugleich mit Zeichen des Verfalls ausgestattet. Das Ziffernblatt ist „halb weggebrochen" (Z. 9); eine Uhr, die dem Ziffernblatt eine Funktion geben würde, ist erst gar nicht vorhanden (Z. 9 f.). Der Erzähler verzichtet hier auf eine Wertung; jedoch wird deutlich, dass die Beschreibung kein Selbstzweck ist, sondern einen Hinweis auf die Situation der Besitzer enthält. **Das scheinbar zufällige Detail** wird auf diese Weise **symbolisch aufgeladen**.

Dass dieser Ort überhaupt bewohnt ist, wird nicht über Personen, die man sehen könnte, vermittelt, sondern über Tiere, deren Anwesenheit auf Bewirtschaftung und Bewohnung der Gebäude schließen lässt (vgl. Z. 10–14). Tauben und Hund – der, wie man später erfährt, auch noch „Sultan" heißt –, geben dem Anwesen im Wechselspiel mit dem erwähnten Türmchen einen märchenhaften Anschein. Frau Nimptsch wird später die Gärtnerei auch als „Schloss" bezeichnen; allerdings handelt es sich um ein Anwesen, bei dem von Pracht keine Rede sein kann. Es ist, wie der Erzähler wenig später bemerkt, als er den Leser zum ersten Mal mit Frau Dörr und Frau Nimptsch konfrontiert, eben nur „halb märchenhaft" und bleibt eine Gärtnerei, die die bescheidene Lebensgrundlage ihrer Bewohner sichern muss.

Die „von früh bis spät aufstehende Haustür" (Z. 15) weist in einer **Vorausdeutung** auf die kommunikative Offenheit, mit der die Bewohner ihrer Umwelt begegnen werden, und bildet sogleich **symbolisch** die Eintrittspforte in die Erzählhandlung, die unmittelbar danach einsetzen wird. Zuvor aber begibt sich der Erzähler noch einmal in die Perspektive des Passanten und bemerkt, dass sich nichts „mit Absicht verbergen zu wollen" scheine (Z. 16), man sich aber zunächst an dem „genügen lassen" müsse (Z. 18 f.), was man sehe.

Rolle des Erzählers

Mit dieser letzten Bemerkung vor Beginn der Erzählhandlung definiert der Erzähler zugleich seine eigene Rolle: Er fungiert als derjenige, der den Leser hinter die „Kulisse" (Z. 8) blicken lässt. Das erzählerisch Entfaltete wird aber allein schon durch die Position, die der auktoriale Erzähler für sich in Anspruch nimmt, zu mehr als der oben erwähnten potenziellen Wirklichkeit, die er dem Leser unterbreitet. Sie ist zugleich **ästhetisch gestaltete**, **literarische Wirklichkeit**. Der Erzähler **verweigert** sich einem **naturalistischen Abbildrealismus** und verweist in der Art und Weise, wie er den Ort darstellt, stets darauf, dass da eben mehr ist als man sieht.

3. Vergleichspunkt: Epochenzuordnung

Mit diesem Einstieg in den Roman sowie mit der perspektivischen Erzählweise, die den ganzen Roman *Irrungen, Wirrungen* wesentlich prägt, erweist sich Fontane als anspruchsvoller Vertreter des **Realismus** am Ausgang des 19. Jahrhunderts. In Hinblick auf Bauform und Erzählweise moderner Literatur weiß er sich weder mit den naturalistischen Zeitgenossen in Einklang noch möchte er eine fantastische Gegenwelt entwerfen, um der Wirklichkeit den

Vexierspiegel vorhalten zu können. Dies haben die Romantiker versucht, wofür Hoffmanns *Die Elixiere des Teufels* ein ausdrucksstarkes Beispiel bietet.

abschließender Vergleich der Romananfänge

Vergleicht man zusammenfassend noch einmal die beiden Romananfänge, so ist festzuhalten, dass sich beide Autoren für einen sehr **ähnlichen Erzähleinstieg** entschieden haben. Beide konzentrieren die Aufmerksamkeit des Lesers zunächst auf die Beschreibung der Örtlichkeiten. Während Hoffmann aber einen **typisch romantischen Landschaftsraum** entwirft, führt Fontane seinen Leser in einen zivilisatorisch geprägten **Lebensraum am Rande der Großstadt**. Dort entfaltet sich auch die Romanhandlung, während das „Vorwort des Herausgebers" in den *Elixieren* auf die Lektüre der eigentlichen Geschichte vorbereitet. Beide Romananfänge nehmen Einfluss auf den Leser und suchen seine **Wahrnehmung** zu **lenken**. Hoffmann versucht dabei, die Wirklichkeit des Lesers qualitativ zu verändern, indem er sie selbst zu Poesie macht und mit fantastischen und märchenhaften Elementen ausstattet: Bilder werden lebendig, Blumen werden zu Lichtspendern, Musik grundiert die Atmosphäre. Davon ist Fontanes Roman deutlich zu unterscheiden. Hier wird das, was auch nur den Anschein des Märchenhaften hat, als Kulisse entlarvt, hinter der sich die eigentliche Realität des Erzählten verbirgt. Der Erzähler appelliert nicht nur an den Leser, hinter die Kulissen zu schauen, sondern er nimmt ihn mit, um die dort sich abspielenden Lebenszusammenhänge entfalten zu können. Vom Abbildrealismus ist diese Erzählkonzeption ebenso weit entfernt wie Hoffmanns Schauderroman, allerdings in gänzlich anderer Richtung. Wirklichkeit wird angenommen, nicht um sie zu romantisieren, sondern um sie mittels ästhetischer Gestaltung in ihren Strukturen kenntlich zu machen. Deshalb, und gerade deshalb erweist sich Fontane als herausragendster Vertreter des **bürgerlichen Realismus**.

Leistungskurs Deutsch (Nordrhein-Westfalen) – Übungsaufgabe 10: III A: Erörterung im Anschluss an die eingeschränkte Analyse einer Textvorlage

Arbeitsgrundlagen:
Wilhelm von Humboldt, *Über die Verschiedenheit des menschlichen Sprachbaues und ihren Einfluß auf die geistige Entwicklung des Menschengeschlechts.*

Aufgaben:
1. Erläutern Sie die Argumentation des Textes von Wilhelm von Humboldt.
2. Erörtern Sie ausgehend von Humboldts Auffassung der Sprache „als dem bildenden Organ des Gedankens" das Verhältnis von Sprache und Denken vor dem Hintergrund Ihnen bekannter sprachphilosophischer Positionen.

Erlaubte Hilfsmittel: ein Wörterbuch der deutschen Rechtschreibung

Wilhelm von Humboldt (1767–1835)
Über die Verschiedenheit des menschlichen Sprachbaues und ihren Einfluß auf die geistige Entwicklung des Menschengeschlechts (1836, Auszug)

Die *Sprache,* in ihrem wirklichen Wesen aufgefaßt, ist etwas beständig und in jedem Augenblicke *Vorübergehendes.* Selbst ihre Erhaltung durch die Schrift ist immer nur eine unvollständige, mumienartige Aufbewahrung, die es doch erst wieder bedarf, daß man dabei den lebendigen Vortrag zu versinnlichen sucht. Sie selbst ist kein Werk *(Ergon)*, sondern eine Thätigkeit *(Energeia)*. Ihre wahre Definition kann daher nur eine genetische sein. Sie ist nämlich die sich ewig wiederholende *Arbeit des Geistes,* den *articulirten Laut* zum Ausdruck des *Gedanken* fähig zu machen. Unmittelbar und streng genommen, ist dies die Definition des jedesmaligen *Sprechens;* aber im wahren und wesentlichen Sinne kann man auch nur gleichsam die Totalität dieses Sprechens als die Sprache ansehen. Denn in dem zerstreuten Chaos von Wörtern und Regeln, welches wir wohl eine Sprache zu nennen pflegen, ist nur das durch jenes Sprechen hervorgebrachte *Einzelne* vorhanden, und dies niemals vollständig, auch erst einer neuen Arbeit bedürftig, um daraus die Art des lebendigen Sprechens zu erkennen und ein wahres Bild der lebendigen Sprache zu geben. Gerade das Höchste und Feinste läßt sich an jenen getrennten Elementen nicht erkennen, und kann nur, was umso mehr beweist, daß die eigentliche Sprache in dem Acte ihres wirklichen Hervorbringens liegt, in der *verbundenen Rede* wahrgenommen oder geahndet werden. […]

Die Sprache ist das bildende Organ des *Gedanken.* Die *intellectuelle Thätigkeit,* durchaus geistig, durchaus innerlich, und gewissermaßen spurlos vorübergehend, wird durch den *Laut* in der Rede äußerlich und wahrnehmbar für die Sinne. Sie und die Sprache sind daher Eins und unzertrennlich von einander. Sie ist aber auch in sich an die Nothwendigkeit geknüpft, eine Verbindung mit dem Sprachlaute einzugehen;

das Denken kann sonst nicht zur Deutlichkeit gelangen, die Vorstellung nicht zum Begriff werden. Die unzertrennliche Verbindung des *Gedanken,* der *Stimmwerkzeuge* und des *Gehörs* zur Sprache liegt unabänderlich in der ursprünglichen, nicht weiter zu erklärenden Einrichtung der menschlichen Natur. [...]

Auch bei der Betrachtung des durch die Sprache Erzeugten wird die Vorstellungsart, als bezeichne sie bloß die schon an sich wahrgenommenen *Gegenstände,* nicht bestätigt. Man würde vielmehr niemals durch sie den tiefen und vollen Gehalt der Sprache erschöpfen. Wie, ohne diese, kein Begriff möglich ist, so kann es für die Seele auch kein Gegenstand sein, da ja selbst jeder äußere nur vermittelst des Begriffes für sie vollendete Wesenheit erhält. In die Bildung und den Gebrauch der Sprache geht aber nothwendig die ganze Art der *subjectiven Wahrnehmung* der Gegenstände über. Denn das Wort entsteht eben aus dieser Wahrnehmung, ist nicht ein Abdruck des Gegenstandes an sich, sondern des von diesem in der Seele erzeugten Bildes. Da aller objectiven Wahrnehmung unvermeidlich *Subjectivität* beigemischt ist, so kann man, schon unabhängig von der Sprache, jede menschliche Individualität als einen eignen Standpunkt der Weltansicht betrachten. Sie wird aber noch viel mehr dazu durch die Sprache, da das Wort sich der Seele gegenüber auch wieder, wie wir weiter unten sehen werden, mit einem Zusatz von Selbstbedeutung zum Object macht, und eine neue Eigenthümlichkeit hinzubringt. In dieser, als der eines Sprachlauts, herrscht nothwendig in derselben Sprache eine durchgehende Analogie; und da auch auf die Sprache in derselben Nation eine gleichartige Subjectivität einwirkt, so liegt in jeder Sprache eine eigenthümliche *Weltansicht.* Wie der einzelne Laut zwischen den Gegenstand und den Menschen, so tritt die ganze Sprache zwischen ihn und die innerlich und äußerlich auf ihn einwirkende Natur. Er umgiebt sich mit einer Welt von Lauten, um die Welt von Gegenständen in sich aufzunehmen und zu bearbeiten. Diese Ausdrücke überschreiten auf keine Weise das Maaß der einfachen Wahrheit. Der Mensch lebt mit den Gegenständen hauptsächlich, ja, da Empfinden und Handeln in ihm von seinen Vorstellungen abhängen, sogar ausschließlich so, wie die Sprache sie ihm zuführt. Durch denselben Act, vermöge dessen er die Sprache aus sich herausspinnt, spinnt er sich in dieselbe ein, und jede zieht um das Volk, welchem sie angehört, einen Kreis, aus dem es nur insofern hinauszugehen möglich ist, als man zugleich in den Kreis einer andren hinübertritt. Die *Erlernung* einer *fremden Sprache* sollte daher die Gewinnung eines neuen Standpunktes in der bisherigen Weltansicht sein, und ist es in der That bis auf einen gewissen Grad, da jede Sprache das ganze Gewebe der Begriffe und die Vorstellungsweise eines Theils der Menschheit enthält.

Aus: Wilhelm von Humboldt: Über die Verschiedenheit des menschlichen Sprachbaues und ihren Einfluß auf die geistige Entwicklung des Menschengeschlechts. Berlin: Druckerei der Königlichen Akademie 1836. Nachdruck: Bonn: Dümmler 1960, S. 41–59

Hinweise und Tipps

Die zur Lösung der Aufgabenstellung notwendigen Kompetenzen sollten im Unterricht der gesamten Qualifikationsphase im Zusammenhang verschiedener obligatorischer Unterrichtsinhalte vermittelt worden sein. Angesichts der (sprachlichen) Komplexität der Arbeitsgrundlage sollte der Text zunächst erschlossen werden, indem Sie ihn segmentieren, d. h. in Sinnabschnitte gliedern und schwierige Textabschnitte paraphrasieren, um Ihr eigenes Textverständnis zu überprüfen.
*Die in Aufgabe 1 geforderte Analyse zielt auf die möglichst genaue Wiedergabe der Hauptthesen und ihres gedanklichen Zusammenhangs (**Argumentationsansatz**) sowie die Beschreibung der Darstellungsweise (**Argumentationsstruktur**). Wichtig ist allerdings, dass Sie im Anschluss an den einleitenden Verweis auf den Verfasser, die Entstehungszeit, das Thema, den Inhalt, die Fragestellung des Textes und die Intention des Verfassers den Text nun nicht bloß paraphrasieren, sondern ihn aspektgeleitet in eigenen Worten rekonstruieren, um Ihr Verständnis der Textaussage zu verdeutlichen. Da in der Aufgabenart III A von einer „eingeschränkten Textanalyse" die Rede ist, sollten Sie die geforderte Analyse auf die in der Aufgabenstellung enthaltenen Operationen (**Beschreibung und Erläuterung der Argumentation**) beschränken und nicht in eine sprachlich-stilistische Analyse des Textes ausweichen.*
Die Arbeit soll insgesamt logisch stringent, sinnvoll und übersichtlich aufgebaut sein. Die am Text gewonnenen Erkenntnisse und Teilergebnisse der Analyse sollen gedanklich klar, sprachnorm- und fachgerecht formuliert sowie durch funktionsgerechtes Zitieren abgesichert sein.

Lösungsvorschlag

In dem Auszug aus dem 1836 erschienenen Werk „Über die Verschiedenheit des menschlichen Sprachbaus und ihren Einfluß auf die geistige Entwicklung des Menschengeschlechts" stellt der Philosoph und Sprachforscher Wilhelm von Humboldt (1767–1835) die Bestimmung der **Sprache als eine ständig im Wandel begriffene Tätigkeit** (enérgeia) und die These von der mit jeder Sprache gegebenen Weltansicht in den Mittelpunkt seiner Betrachtung des Verhältnisses von Sprache und Denken.

Einleitung
Verfasser
Entstehungszeit
Thema / Inhalt
Fragestellung des Textes
Intention

Ausgangspunkt der Argumentation Humboldts ist die Kritik an der Vorstellung, die Sprache beschreibe als Begriff allein ein erfassbares, festgelegtes System von Wörtern und Regeln. Seine abwertende Haltung dieser Vorstellung gegenüber geht vor allem aus seiner Bezeichnung des geläufigen Sprachverständnisses als „zerstreutes Chaos […], welches wir wohl eine Sprache zu nennen pflegen" (Z. 10 f.) hervor. Dieser Auffassung **stellt Humboldt die These gegenüber**, dass die Sprache als „etwas beständig und in jedem Augenblick *Vorübergehendes*" (Z. 1 f.) angesehen werden müsse.

Humboldts Argumentationsansatz

Sie sei „kein Werk *(Ergon)*, sondern eine Thätigkeit *(Energeia)*" (Z. 4 f.). Diese Gegenüberstellung der **Metaphern** bezeichnet Humboldts **Abwendung vom traditionellen Verständnis der Sprache** als einem fertigen, unveränderlichen Produkt, dessen sich der Mensch nur noch zu bedienen braucht. Die Sprache nur als ein Werk oder Instrument zu betrachten, würde bedeuten, dass man sie auf eine Menge konventioneller Zeichen reduziert, die es dem Menschen ermöglichen, sich zu verständigen. Indem Humboldt Sprache jedoch als eine Tätigkeit bezeichnet, bringt er zum Ausdruck, dass sie sich in einer „Arbeitsphase" befindet, d. h. sich ständig weiter verändert und nicht als Ganzes und in ihrem Wesen erfassbar ist. Humboldt unterscheidet daher zwischen Sprache und Sprechen und bestimmt Sprache als „die Totalität des Sprechens" (Z. 9 f.). Demzufolge kann das, was Sprache ist, nur aus der Betrachtung des Sprechens an sich, d. h. aller einzelnen, in immer neuer Form auftretenden Akte des Hervorbringens von Sprache, und nicht in einem definierten Regelsystem gefunden werden. **Sprache** ist nichts Vorgegebenes, das der Mensch verwendet, um sich auszudrücken, sondern **entsteht erst im Sprechen**.

Definition von Sprache als Tätigkeit

Nachdem Humboldt Sprache so definiert hat, geht er im folgenden Abschnitt noch einen Schritt weiter, indem er die naturgegebene Untrennbarkeit von Sprache und Denken und damit von Sprechen und Denken betont. Diese Verbindung äußert sich jedoch nicht nur darin, dass Sprachlaute nötig sind, damit der Mensch seine inneren Gedanken seiner Umwelt mitteilen kann. Humboldt stellt vielmehr die These auf, dass Gedanken und Vorstellungen überhaupt erst in Verknüpfung mit gesprochener Sprache entstehen können. Die Sprache sei „das bildende Organ des *Gedanken*" (Z. 19). Dementsprechend könne ohne die Sprache das Denken „nicht zur Deutlichkeit gelangen, die Vorstellung nicht zum Begriff" (Z. 24 f.).

Untrennbarkeit von Sprache und Denken

In der Tradition der **klassisch-romantischen Sprachphilosophie** stehend geht Humboldt davon aus, dass der Mensch als Naturwesen ursprünglich mit der Welt, in der er lebt, vereint ist. Dieser **Universalitätsgedanke** wird deutlich in Humboldts sich nun anschließender These, dass die Sprache sich nicht nur darauf beschränke, Ich und Welt in Beziehung zueinander zu setzen, sondern dass die Erfassung und Gestaltung von Ich und Welt nur durch die Vermittlung von Sprache möglich sei. Humboldt widerspricht der Auffassung, dass die Sprache nur der Bezeichnung der Objektwelt dient. Die Sprache ist nach Humboldt nicht bloß ein (Hilfs-)Mittel, sondern eine **Bedingung der Erkenntnis**, und vermittelt zwischen dem Individuum und der Welt. „Der Mensch lebt mit den Gegenständen hauptsächlich [...], wie die Sprache sie ihm zuführt." (Z. 50 ff.) Folglich ist die Weltsicht des Menschen im Wesentlichen nicht durch die Sprache bestimmt, sondern durch die Gegenstände.

Erfassung der Welt durch Sprache

Gleichzeitig formt jedoch auch der Mensch die Sprache. Die Entstehung von Wörtern ist an die subjektive Wahrnehmung des Einzelnen gebunden. Worte repräsentieren nicht die Gegenstände an sich, sondern das Bild des Gegenstandes, das „in der Seele" (Z. 36) erzeugt wird. Stellt man den Bezug zum Beginn des Textauszugs her, so ist die Sprache vor allem deshalb keine unwandelbare Größe, weil ihr durch die subjektive Wahrnehmung jedes Einzelnen immer neue Bedeutungen hinzugefügt werden. Die Wörter selbst werden jedoch ihrerseits wieder zu Objekten der Wahrnehmung, die nach Humboldt einen „Zusatz von Selbstbedeutung" (Z. 41) mit sich bringen und so die Weltsicht des Individuums um eine neue „Eigenthümlichkeit" (Z. 42) erweitern. Diesen Aspekt der **Wechselwirkung von Sprache und individueller Weltsicht** umschreibt Humboldt, indem er metaphorisch darauf hinweist, dass der Mensch durch „denselben Act, vermöge dessen er die Sprache aus sich herausspinnt", er sich in dieselbe einspinne (Z. 52 f.).

durch Sprache bedingte nationale Unterschiede in der Weltwahrnehmung

In einem letzten Schritt überträgt Humboldt seine Überlegungen vom einzelnen Menschen auf die Nation oder das Volk. Er setzt voraus, dass die „Eigenthümlichkeit", d. h. die Bedeutung von Sprachlauten ebenso wie die auf die Sprache einwirkende Subjektivität in jeder Nation gleich sind. Folglich habe jede Sprachgemeinschaft durch ihre besondere Sprache eine ihr eigentümliche Art der Wahrnehmung der Welt, welche man allerdings durch die „*Erlernung* einer *fremden Sprache*" verändern und erweitern könne (Z. 55 ff.).

Zusammenfassend lässt sich somit sagen, dass Humboldt abweichend von der traditionellen Vorstellung, dass sprachliche Zeichen ein objektives Abbild der Wirklichkeit liefern, das **Denken als von der Sprache wesentlich mitbeeinflusst** ansieht, was letztendlich auch bedeutet, dass jede Sprache den Erkenntnisprozess in einer gewissen Weise prägt, sodass jede Sprachgemeinschaft zu der ihr eigenen Weltsicht gelangt.

Der Schwerpunkt des Aufsatzes liegt im Sinne der Aufgabenart III A auf der „argumentativen Entfaltung eines fachspezifischen Sachverhalts bzw. Problems", d. h. hier auf der Aufgabe 2, die Sie vor dem Hintergrund Ihrer fachlichen Kenntnisse sehr gründlich und umfassend bearbeiten sollten. In der argumentativen Auseinandersetzung mit der Sachfrage, in welchem Verhältnis Sprache und Denken zueinander stehen, sollten Sie die Prämissen der im Text von Humboldt vertretenen Position ***prüfen*** *und einen* ***kritischen Vergleich*** *mit anderen sprachphilosophischen Auffassungen vom Verhältnis von Sprache und Denken ziehen. Wichtig ist hier, dass Sie die alternativen sprachphilosophischen Positionen nicht nur reproduktiv der Ansicht von Humboldt gegenüberstellen, sondern sie zu einer diskursiven Auseinandersetzung mit der Kernfrage heranziehen, aus der heraus Sie einen* ***eigenen Standpunkt entwickeln*** *und* ***begründen****.*

Bezugspunkte für die Erörterung sollten entsprechend der Aufgabenstellung weniger sprachkritische oder poetologische Essays (z. B. Kleists „Über die allmähliche Verfertigung der Gedanken beim Reden" oder Hofmannsthals „Ein Brief") sein, sondern sprachphilosophische Positionen, die im Rahmen des obligatorischen Schwerpunktthemas „Verhältnis von Sprechen, Denken und Wirklichkeit: Sprache und Wirklichkeit, Sprache und Fiktion" Gegenstand des Unterrichts waren. Als Bezugspunkte geeignet wären Auszüge aus Kants sprachphilosophischen Betrachtungen, Herders „Abhandlung über den Ursprung der Sprache", Mauthners Beiträge zur Kritik der Sprache, Auszüge aus Wittgensteins „Tractatus logico-philosophicus", Wygotskis Thesen zum Verhältnis von Denken und Sprache, Whorfs sprachliches Relativitätsprinzip sowie Gippers Betrachtungen zum Verhältnis von Sprache und Denken. Wesentlicher Bezugspunkt für den nachfolgenden Lösungsvorschlag ist die in der Auseinandersetzung mit Humboldts deterministischem Ansatz entwickelte Annahme eines ***sprachlichen Relativitätsprinzips*** *(vgl.: Benjamin Lee Whorf: Sprache, Denken, Wirklichkeit – Beiträge zur Metalinguistik und Sprachphilosophie. Reinbek 2003). Im Hinblick auf Aufgabe 2 soll eine kohärente Argumentation geleistet werden.*

Einleitung
Frage nach dem Verhältnis von Sprache und Denken

Der Titel des Werks von Wilhelm von Humboldt lässt darauf schließen, dass Humboldt die Bedeutung der Sprache für die Entwicklung des Menschen in den Mittelpunkt seiner **sprachphilosophischen Betrachtungen** rückt. In diesem Zusammenhang stellt sich die Frage, welche Bedeutung der Sprache als einem Mittel zur Erschließung der Welt zukommt und in welchem Verhältnis Sprache und Denken zueinanderstehen, wenn der Mensch sich mit der Welt und sich selbst auseinandersetzt. Folglich lautet die Kernfrage, inwieweit das Denken abhängig von der Sprache ist, welche schon das Interesse der Philosophen des Altertums bis hin zu den Aufklärern des 18. Jahrhunderts erregte. Im Mittelpunkt des vorwissenschaftlichen und wissenschaftlichen Interesses stand dabei nicht nur die Frage der Genese der Sprache und der allgemeinen Entwicklung des Denkens, sondern auch die Überlegung, inwieweit sich diese parallelen Entwicklungsverläufe beim Menschen beeinflussen, voraussetzen oder sogar determinieren.

Definitionsansätze von Sprache und Denken

Diese Frage lässt sich jedoch nur erörtern, wenn man zunächst versucht, die Begriffe Sprache und Denken zu bestimmen. Eine Schwierigkeit liegt nun bereits darin, dass sich beide Begriffe nicht eindeutig definieren lassen. Im Allgemeinen versteht man unter Sprache die Fähigkeit zu sprechen sowie die Gesamtheit der sprachlichen Ausdrucksmittel, die einer Sprachgemeinschaft zur Verfügung stehen. Eine Sprache kann somit als ein **festes System von Zeichen** verstanden werden, mit dessen Hilfe ein Mensch sowohl kommunizieren als auch sich seiner selbst bewusst werden kann. Denken beschreibt demgegenüber die geistige Fähigkeit beziehungsweise Tätigkeit, sich mit den aus der Wahrnehmung gewonnenen

Informationen über die Wirklichkeit auseinanderzusetzen, sie zu unterscheiden, zu vergleichen und zu beurteilen.

wechselseitige Abhängigkeit von Sprechen und Denken

Zu fragen wäre nun, ob Kommunikation immer einen Denkprozess benötigt und ob Denkprozesse auch nichtsprachlich stattfinden können. Zu dieser Frage lassen sich zwei grundlegende Positionen unterscheiden: So wird einerseits die Auffassung vertreten, Sprechen und Denken seien zwei getrennte Vorgänge, wobei das Denken wesentlich sei, da es sich unmittelbar auf die Gegenstände des Geistes und der Sachwelt beziehe. Demgegenüber sei die Sprache nur ein Mittel der Verständigung und der Mitteilung des Prozesses des Denkens und seiner Ergebnisse. Denken könnte sich also unabhängig von der Sprache entwickeln und Sprache wäre nur eine instrumentelle Funktion des Denkens. Andererseits wird behauptet, Sprechen und Denken seien nur zwei Seiten desselben Vorgangs. Diese Ansicht geht auf die Aussage Platons zurück, dass das Denken nichts anderes als ein stilles Sprechen mit sich selbst sei. Hieran lässt sich unmittelbar anknüpfen, wenn Humboldt erklärt, das **menschliche Denken und das menschliche Sprechen seien untrennbar miteinander verbunden**. Diese Ansicht vertrat auch schon Herder, der von einer wechselseitigen Abhängigkeit von Sprache und Denken sprach. Humboldt geht aber darüber hinaus, denn er stellt fest, dass die Sprache das Denken bestimmt: „Die Sprache ist das bildende Organ des *Gedanken*." (Z. 19).

linguistisches Relativitätsprinzip nach Whorf

Dieser Gedanke eines **sprachlichen Determinismus** findet sich später bei dem amerikanischen Sprachforscher Benjamin Lee Whorf wieder, der ihn mit der These von der **sprachlichen Relativität** verbindet, die besagt, dass der strukturellen Unterschiedlichkeit von Sprachen – und damit auch des Denkens – keine Grenzen gesetzt seien (sog. **Sapir-Whorf-Hypothese**). Als wie generell und determinierend der Einfluss der Sprache auf das Denken und die Weltsicht des Menschen angesehen werden kann, und welcher Aspekt der Sprache hierbei besonders relevant erscheint, beantworten Sapir und Whorf keineswegs einheitlich. Während Sapir eine eher abgeschwächte Position formuliert, indem er zwar den Einfluss der Sprache auf das Denken betont, ohne dabei jedoch eine sprachunabhängige Erfassung der Welt zu bestreiten, sind Whorfs Gedanken radikaler. Whorfs zentrale Hypothese lautet, dass die Grammatik einer jeden Sprache nicht nur ein reproduktives Instrument zum Ausdruck der Gedanken sei, sondern vielmehr selbst die Gedanken forme. Als Angehöriger einer Sprachgemeinschaft sei ein Mensch folglich in all seinem Denken und für immer einer bestimmten Sprache ausgeliefert, denn er gliedere die Natur an Linien auf, die ihm durch seine Muttersprache vorgegeben seien, weshalb er die Welt auch nur innerhalb der Möglichkeiten seiner Sprache wahrnehmen könne. Zudem seien die **in einem Sprachsystem enkodierten Unterscheidungen allein diesem System eigen** und mit denen anderer Systeme nicht vereinbar, was sich vor allem auch in dem Problem der Übersetzung zeige. So verfügten die europäischen Sprachen über eine Einstimmigkeit der Grundstrukturen, woraus die Übereinstimmung der Weltbeschreibung in der Gemeinschaft der modernen Naturwissenschaft resultiere. Würden nun aber Naturwissenschaftler aus dem asiatischen oder afrikanischen Sprach- und Kulturraum die Welt in den gleichen Begriffen wie die europäischen Wissenschaftler beschreiben, so bedeute dies nur, dass sie das (sprachliche) System der Rationalisierung übernommen hätten, nicht aber, dass sie dieses System aus ihrer eigenen Sprache heraus mit aufgebaut hätten. Nicht alle Beobachter können somit durch die gleichen physikalischen Sachverhalte zu einem gleichen Weltbild gelangen.

Wahrnehmung der Welt nur in den engen Grenzen der eigenen Sprachgemeinschaft

Eine solche absolute Aussage, die Whorf selbst als das **linguistische Relativitätsprinzip** bezeichnet, wirkt zunächst befremdlich, denn sicherlich ist Sprache dann von besonderer Bedeutung, wenn man unter dem Denken geistige Leistungen wie das Unterscheiden und Ordnen, das Vergleichen und Urteilen – also Leistungen, wie sie in der Auseinandersetzung mit der vorliegenden Aufgabe zu erbringen sind – versteht. Sprachen unterscheiden sich aber auch in vielfacher Hinsicht. Während beispielsweise „želesnodarožnije“ im Russischen ein zulässiges Wort ist, ist eine entsprechende Lautkombination im Deutschen nicht möglich. Im Englischen findet man kein Wort, das dem deutschen Wort „Gemütlichkeit“ entspricht. Und auch beim Erlernen einer Fremdsprache wird deutlich, dass sich die grammatischen Strukturen zwischen den Sprachen unterscheiden. Dies gilt selbst innerhalb der europäischen Sprachen, insbesondere aber, wie Whorf mit seinen in der Tradition von Humboldt stehenden sprachvergleichenden Analysen zeigen kann, zwischen Sprachen, die sich weitgehend unabhängig von einander entwickelt haben (z. B. die Sprachen der Ureinwohner Nordamerikas). Allerdings wird man aber heute die von Humboldt und Whorf formulierten Thesen vom **sprachlichen Determinismus** und von der **sprachlichen Relativität** in ihrer strengen Version kaum noch vertreten können, wenn darunter zu verstehen ist, dass verschiedene Sprachen nicht nur Unterschiede in der formalen Darstellung einer sprachunabhängig erfassten Wirklichkeit reflektieren, sondern darüber hinaus Ausdruck unterschiedlicher Weltsichten sind. So würde wohl niemand nur aufgrund der Aussage „Die Sonne ist aufgegangen“ noch von der Vorstellung ausgehen, dass die Sonne um die Erde kreise, obwohl bezogen auf den Mond dies mit dem Satz „Der Mond ist aufgegangen“ ausgesagt wird. Schließlich erscheint es auch fragwürdig, ob man, nur weil man deutsch spricht und schreibt,

Aktualität der Thesen Humboldts und Whorfs

auch „deutsch" denkt. Diese Annahme würde auch zu der Vermutung führen, dass jemand, der zweisprachig aufgewachsen ist, zwei verschiedene Sichtweisen der Welt haben und von einer zur anderen wechseln könnte. Auch Übersetzungen zeigen, dass es durchaus möglich ist, das in der einen Sprache Gesagte auch in einer anderen Sprache auszudrücken. Bei **Whorfs Theorie eines sprachlichen Relativitätsprinzips** handelt es sich nun aber auch keineswegs um einen Satz empirisch überprüfbarer Annahmen im Sinne des konventionellen Wissenschaftsverständnisses, sondern viel eher um eine theoretische Kernaussage, deren Wert sich daran bemisst, inwiefern sie die empirische Auseinandersetzung mit der Frage nach dem Verhältnis von Sprache und Denken anregen kann.

Vergleich verschiedener Sprachsysteme

Wenn man nun aber verschiedene Sprachen vergleicht, so fällt sehr wohl auf, dass verschiedene Sprachsysteme über eine **unterschiedlich differenzierte Begrifflichkeit** verfügen. Will man zum Beispiel den Begriff „trae" aus dem Dänischen ins Deutsche übersetzen, so stellt sich die Frage, ob man „Baum" oder „Holz" als Begriff wählen soll, denn „trae" bezeichnet im Dänischen sowohl den Baum als auch das Holz als Material. Der Bedeutungsumfang von Wörtern kann somit ebenso wie die mit dem Wort verbundene Vorstellung in einzelnen Sprachen sehr unterschiedlich sein. Beispielsweise gibt es als deutsche Begriffe für die Eltern des Vaters und der Mutter nur die Begriffe „Großvater" und „Großmutter", während im Dänischen zwischen dem Großvater väterlicherseits („farfar") und dem mütterlicherseits („morfar") unterschieden wird. Gleiches gilt für die Großmutter mütterlicherseits („mormor") und väterlicherseits („farmor"). Hierdurch ließen sich nun die Thesen von Humboldt und Whorf als bestätigt ansehen, denn dem Dänen ist es viel einfacher möglich, seine Familienmitglieder differenzierter zu bezeichnen. Will ein Deutscher hingegen seine Großeltern individuell unterscheiden, so muss er auf Hilfskonstruktionen ausweichen (z. B. Oma …, Opa …). Whorf weist entsprechend auch auf die Vielzahl von Begriffen hin, die die Inuit für den Schnee haben. Angehörige der deutschen Sprachgemeinschaft, die nicht im Alpenraum leben, werden hier sicherlich über ein deutlich eingeschränkteres Begriffsrepertoire verfügen. Die deutschsprachigen Alpenbewohner verfügen hingegen durchaus über unterschiedliche Begriffe für den Schnee, etwa „Neuschnee", „Pulverschnee", „Pappschnee", „Schneematsch", „Firn", „verharschter Schnee" und so fort. Dieses Phänomen unterstützt die Thesen des **sprachlichen Determinismus** und der **sprachlichen Relativität** aber nicht nur, sondern zeigt vor allem auch, dass selbst innerhalb einer Sprachgemeinschaft die sprachliche Ausdrucksmöglichkeit – d. h. die sprachliche Erfassung der Welt – nicht gleich sein muss. Insbesondere in komplexen Sprachgemeinschaften wie zum Beispiel die der muttersprachlichen Sprecher des Englischen müssen nicht alle Menschen eine Kultur und folglich auch nicht eine „Weltansicht“ teilen.

Außerdem macht das oben erwähnte Beispiel deutlich, dass man innerhalb einer Sprachgemeinschaft die Ausdrucksfähigkeit erhöhen kann, wenn man sich der Möglichkeiten bedient, die das Sprachsystem etwa im Bereich der **Bildung komplexer Ausdrücke** bietet (im oben genannten Beispiel wären dies **Komposita** und **Attribuierung**). Somit hängt die Ausdrucksfähigkeit wesentlich von der Produktivität des jeweiligen Sprachsystems ab. Dies würde allerdings auch noch nicht die auf Humboldt verweisende Aussage Wittgensteins „Die Grenzen meiner Sprache sind die Grenzen meiner Welt“ widerlegen. Es wird lediglich deutlich, dass diese Grenzen bedingt ausdehnbar sind, was die Thesen Humboldts und Whorfs nicht grundlegend infrage stellt.

Erhöhung der Ausdrucksfähigkeit innerhalb eines Sprachsystems

Dies führt nun zu der Überlegung, eventuell eine eher eingeschränktere Fassung des **sprachlichen Relativitätsprinzips** zu erwägen. Die Frage wäre nicht mehr, ob das menschliche Denken und seine ontogenetische Entwicklung durch die Sprache geformt oder sogar determiniert werden, sondern es wären vielmehr die Regeln und Strukturen zu erforschen, durch welche die sprachliche Umwelt sowie die individuell verfügbaren sprachlichen Kompetenzen das Denken und die Denkentwicklung ermöglichen, beeinflussen, erleichtern oder erschweren. Auszugehen wäre dann davon, dass die **Struktur der Sprache**, die man spricht, die **eigene Wahrnehmung und das Erinnerungsvermögen beeinflusst**, aber nicht gänzlich bestimmt. Die Unterschiedlichkeit der Sprachen scheint nur eine begrenzte Wirkung auf die „Weltansicht“ zu haben, denn gibt es das Phänomen der Sprachlosigkeit, zum Beispiel in besonders emotionalen Situationen (etwa Momente der Verliebtheit oder der Trauer), die gleichermaßen in den verschiedenen Sprachgemeinschaften denkbar sind. Dies führt zu der grundlegenden Frage, ob bestimmte Bewusstseinsinhalte sprachlich überhaupt fassbar sind, womit erneut der Begriff des Denkens exakt zu definieren wäre, was aber in einer entsprechenden Eindeutigkeit nicht leicht möglich erscheint, da die psychischen Prozesse des Menschen sehr komplexe Vorgänge des Wahrnehmens, Erinnerns und des Verarbeitens von Eindrücken und Erfahrungen sind.

Einschränkung des sprachlichen Relativitätsprinzips

Angehörige verschiedener Sprachgemeinschaften können aber – so wie es Humboldt behauptet – durchaus eine eigene Sicht der Welt haben, denn viele Begriffe und Vorstellungen, mit denen wir arbeiten, sind hinsichtlich ihrer Bedeutung in der Weise kulturell festgelegt, dass ihre Verständlichkeit vom **gesellschaftlich tradierten Wissen** abhängig ist. So können Begriffe wie „Ehre“, „Familie“, „Treue“ und so weiter in anderen Kulturen – und damit möglicherweise in anderen Sprachen – anders oder sogar nicht bestimmt sein.

Sprache als Ausdruck kulturell unterschiedlicher Weltsichten

Entsprechend verfügt ein Italiener gegebenenfalls über ein anderes Verständnis des Begriffs „Familie" als ein Deutscher. Und selbst innerhalb einer Kultur und Sprachgemeinschaft unterliegen solche Begriffe einem historischen Wandel.

Erweiterung des Sprachsystems zur Lösung von Verständigungsproblemen

Schließlich wäre eine kulturell besondere und sprachlich unterschiedlich gefasste Weltsicht anzunehmen. Eine Verständigung wäre dann über Sprachgrenzen hinweg mit Verständigungsproblemen verbunden, da entsprechend der These Humboldts jede Sprache „um das Volk, welchem es angehört, einen Kreis" zieht (Z. 53 f.). Dies erscheint insofern interessant, als Kulturen und Sprachgemeinschaften in einer globalisierten Welt, in der eine nahezu grenzenlose Kommunikation möglich ist, mit Ideen, Sachverhalten und Dingen konfrontiert werden, die in der eigenen Sprache nicht ausdrückbar sind, da die entsprechende Begrifflichkeit fehlt. Es bestünde also die Gefahr einer nunmehr eingeschränkten Weltsicht aufgrund fehlender sprachlicher Möglichkeiten. Dass dies allerdings nicht zwingend der Fall ist, zeigt sich zum Beispiel sehr deutlich im Bereich der modernen Kommunikations- und Informationstechnologie, wo durch **Entlehnung** insbesondere von Begriffen aus dem Englischen (etwa „Laptop", „Internet", „Blog") Möglichkeiten der **Erweiterung des eigenen Sprachsystems und damit zur Erfassung der Wirklichkeit** erschlossen werden können. Neben Lehn- und Fremdwörtern können allerdings auch Begriffe der eigenen Sprache mit einer neuen zusätzlichen Bedeutung versehen werden (beispielsweise „Maus" nicht mehr nur als ein Begriff für ein kleines Nagetier, sondern auch für ein an einen Computer angeschlossenes Zeige- und Eingabegerät).

Resümee

Gerade der Aspekt der zunehmenden kulturellen Verflechtung zeigt, wie bedeutsam auch heute noch Humboldts Hinweis auf die „*Erlernung* einer *fremden Sprache*" (Z. 55 f.) ist, um die Wirklichkeit zu erfassen und verstehbar machen zu können. Die Beantwortung der Frage nach dem Verhältnis von Sprache und Denken hängt hingegen vor allem von dem ab, was man unter dem Begriff „Denken" versteht. Ein solches Verstehen ist allerdings sogar über Sprachgrenzen hinweg durch die Einsicht in die je besonderen Bedingungen, die einem Denken durch die jeweilige Sprache auferlegt werden, möglich, sodass man erkennen kann, dass das Verstehen immer zuerst ein Verstehen der Andersartigkeit ist.

Ihre Meinung ist uns wichtig!

Ihre Anregungen sind uns immer willkommen. Bitte informieren Sie uns mit diesem Schein über Ihre Verbesserungsvorschläge!

Titel-Nr.	Seite	Vorschlag

Bitte hier abtrennen

Zutreffendes bitte ankreuzen!

Die Absenderin/der Absender ist:

- ☐ Lehrer/in in den Klassenstufen: ____
- ☐ Fachbetreuer/in
  Fächer: ____
- ☐ Seminarlehrer/in
  Fächer: ____
- ☐ Regierungsfachberater/in
  Fächer: ____
- ☐ Oberstufenbetreuer/in
- ☐ Schulleiter/in
- ☐ Referendar/in, Termin 2. Staatsexamen: ____
- ☐ Leiter/in Lehrerbibliothek
- ☐ Leiter/in Schülerbibliothek
- ☐ Sekretariat
- ☐ Eltern
- ☐ Schüler/in, Klasse: ____
- ☐ Sonstiges: ____

Unterrichtsfächer: (Bei Lehrkräften!)

____

17-VD5

Bitte ausfüllen und im frankierten Umschlag an uns einsenden. Für Fensterkuverts geeignet.

STARK Verlag
Postfach 1852
85318 Freising

Kennen Sie Ihre Kundennummer? Bitte hier eintragen.

Absender (Bitte in Druckbuchstaben!)

Name/Vorname

Straße/Nr.

PLZ/Ort

Telefon privat | **Geburtsjahr**

E-Mail-Adresse

Schule/Schulstempel (Bitte immer angeben!)

(Bitte blättern Sie um)